点検 習近平政権

長期政権が直面する課題と展望

遊川和郎・湯浅健司
日本経済研究センター

[編著]

文眞堂

序　文

　日本経済研究センターは日本経済新聞社からの受託研究として，1999 年度から中国研究プロジェクトを継続的に実施している。本書は 2022 年度のプロジェクトの研究成果をもとに，新しい情報を加えながら編集したものである。今回の研究の目的は，2022 年秋の第 20 回共産党大会を経て異例の 3 期目入りを果たした習近平総書記が，これから中国をどう指導していくのか，その展望と課題を分析することにあった。

　習氏は党大会を経て，自らの権威を一段と高めるとともに，李克強首相（当時）らライバルと目された指導部メンバーの一部を党幹部から排除することにも成功し，「一強体制」を揺るぎないものとした。もはや国内には反対勢力はいなくなり，3 期どころか，体力と気力が許すならば無期限に党トップを務め続けることも不可能ではなくなった。

　強大な権力を手にした習氏だが，彼が君臨する中国を巡る情勢は非常に複雑化している。国内では経済や社会が新型コロナウイルスとゼロコロナ政策に翻弄された。景気が減速して失業率は高止まりし，国内ではあり得なかった習氏の排斥を求めるデモまで起きた。対外関係においても，ロシアのウクライナ侵攻を契機に，米国が対中国警戒感を一段と強め，米中の対立は出口が見えない状況となっている。中国の中長期的な発展を目標に掲げる 3 期目の習政権は，これまで以上に厳しい局面を迎えている。

　本書はこうした激動の中国の今後を占うため，政治，経済，社会など各方面から多角的に中国の現在と将来を検証，研究している。研究プロジェクトの座長は中国経済の研究で活躍され，香港，上海，北京市での駐在経験もある亜細亜大学アジア研究所教授の遊川和郎氏にお願いした。遊川氏には全体の構成や各章の内容について，実に多くの点をご指導いただいている。このほか，研究会メンバーにはベテランの専門家から新進気鋭の学者まで多彩な方々を招聘した。各章とも研究会における議論や意見交換を通じて内容を深め，悲観的でも

楽観的でもない，客観的な立場から見た中国を描くように心がけている。

　中国では 2023 年 3 月に開催された全国人民代表大会において，新しい首相に李強氏を選任するなど，政府の要職も一新した。彼らが担う 3 期目の習政権がどこに向かうのか，本書が少しでもその理解の助けとなれば幸いである。

　2023 年 6 月

日本経済研究センター　首席研究員兼中国研究室長

湯浅健司

目　　次

第8章

世代交代進む中国のIT企業

第9章

長期発展のカギ握る半導体国産化

第10章

国際競争力増す中国の産業界

「習近平新時代」10 年の成果と展望
──異例の長期政権が待ち受ける試練

亜細亜大学　アジア研究所　教授

遊川和郎

●ポイント

▶習近平総書記は就任以来前例のないスピードで長期政権に向けた権力の集中を図り，異例の 3 期目を実現させた。しかし側近で固めた新指導部の力量は未知数であることに加え，政策や人事が主席一人の判断に委ねられ，個人独裁は一党独裁以上に脆弱性が増す恐れがある。

▶経済では中高速成長を維持し，歪みの是正などの成果があったが，共同富裕提唱に伴う統制強化が混乱を招くとともに先行きへの不安を増幅させている。またゼロコロナに見られるように政策が極端に振れる傾向があり，予見可能性の低下が懸念される。

▶外交では「人類運命共同体」を掲げ，「一帯一路」構想など積極的に展開したが，「債務の罠」「戦狼外交」批判を受け，国際社会の反応は「関与から抑止」へと変わったのは大きな誤算だったと思われる。米国との対立長期化は避けられず，国際社会の支持をいかにして得るか模索が続く。

●注目データ ☞

習近平新時代 10 年の成果と課題

		実績・結果	課　題
内　政		長期政権に向けた権力集中 前例と異なる人事や登用 側近によるインナー政治確立	新指導部の力量未知数 一党・集団指導から個人独裁へ 権力継承の不透明
経　済 社　会		経済危機回避も成長鈍化 「小康社会」実現，「共同富裕」提唱 世直し政策の混乱，試行錯誤	経済の下押し圧力増大 統制強化の不安，極端な政策変更 社会の成熟化，国民の意識の変化
外　交		「人類運命共同体」「一帯一路」提唱 戦狼外交で「関与から抑止」を招く 脱炭素「3060 目標」では存在感	米中新冷戦長期化 国際社会での支持取り付け CPTPP は加入可能か

（出所）筆者作成

1. 「習近平新時代」の10年

　2022年10月の中国共産党第20回全国代表大会（党大会）で，習近平総書記（国家主席）は異例の3期目入りを実現した。出口の見えない異例の長期政権となる中，異形の体制の安定性と持続可能性，経済の下押し圧力増大とその政策運営手腕，厳しさを増す国際環境への対応など不安の種は尽きない。本章では，習近平体制の過去10年間の取り組みと成果を内政，経済・社会，外交の各分野から検証したうえで，今後どのような展開が予想されるのか，党大会での決定やその後の動向も加えて展望する。

　なお，本章での統計データや事実関係に関する記述は断りのない限り，中国政府（国家統計局）発表，公式報道（新華社）から引用したものである。

1.1　着々と進めた長期政権への布石

　習近平総書記は2012年の就任以来，従前の指導部とは異なるスピードと方法で権力掌握を可視化していった。まず就任直後から「従厳治党（党内の綱紀粛正と引き締めの徹底）」の方針の下，徹底した反腐敗闘争を遂行，紀律検査委員会のトップに王岐山氏を起用し（第19回党大会で趙楽際氏に交代），「零容忍（一切容赦せず）」と呼ばれる徹底した摘発を進めた。「虎もハエも叩く」というスローガン通り，政治局常務委員の周永康氏の他，薄熙来氏，孫政才氏，令計画氏といった前指導部以来の大物や上将の郭伯雄氏，徐才厚氏，房峰輝氏を次々と失脚させ，全国の紀律検査・監察機関の立件数は451万6000件，処分は443万9000人に上る（第18回党大会から2022年6月まで）。反腐敗闘争の遂行により，党内にはびこっていた利益集団を次々と解体し，党内力学は一変する。第20回党大会後も厳しい摘発の手を緩めず，総書記への挑戦を許さない体制が続いている。

　「党政軍民学，東西南北中，党是領導一切的（党がすべてを指導する）」というスローガン通り，それまで政府各部門に分散していた権限を党中央に集中させたのも習主席の力技である。当初は「領導小組」という名称でスタートしたが，第19回党大会を経て中央全面深化改革委員会，中央財経委員会，中央国

家安全委員会，中央外事工作委員会，中央全面依法治国委員会，と党内委員会組織に格上げし，すべての委員会において習主席が主任を務める。自らの側近を配置した委員会（インナーサークル）で反対の声は上がらず総書記の意向がストレートに反映される意思決定の仕組みが形成された。第 20 回党大会での人事を見れば，今後この傾向はさらに強まる可能性が強い。

　このような「習一強体制」の確立により政治局常務委員と政治局委員の区分が曖昧になり，習主席を脅かす存在や対抗軸は霧消してしまった。改革開放時代には広く人材を供給していた共産主義青年団（共青団）も貴族化批判を浴び冷遇されていった。

　従前の指導者との比較で言えば，習主席は前倒しで自身の地位固めを行った。最重要権力の 1 つである軍については，「建国×0 周年」にあたる 9 の年に大規模な軍事パレードを行うのが慣例だった[1]，習近平はそれを 4 年前倒しで 2015 年 9 月に抗日戦争勝利 70 周年記念として実施した。中央軍事委員会主席就任（12 年 11 月）後，わずか 3 年弱で軍を掌握し，権力基盤を強固にしたことを示すものだった。

　その後は長期政権に向けて偉大な指導者としての権威付けである。2016 年 10 月の共産党第 19 期中央委員会第 6 回全体会議（六中全会）で初めて「習近平同志を核心とする党中央」と記述され，翌年の第 19 回党大会では，マルクスレーニン主義，毛沢東思想，鄧小平理論，「三つの代表」重要思想，科学的発展観に並んで「習近平新時代の中国の特色ある社会主義思想」が党規約に記載された。1 期 5 年を終えた段階で名前を冠した指導思想が党規約に記載されたのは，退任時にやっと名前のつかない指導思想が記載された江沢民氏，胡錦濤氏とは別格と言ってよい。また 12 年以降を「習近平新時代」として区分する用語がここで定着した。

　2018 年 3 月の全国人民代表大会（全人代，国会に相当）で国家主席 2 期 10 年の任期を撤廃する憲法改正をあっさりと実現し，事実上 22 年以降も続投することが既定路線となった。その後も 18 年の改革開放 40 周年，19 年の建国 70 周年，20 年の小康目標達成，21 年の建党 100 周年と求心力を維持するため

1　江沢民氏は 1999 年（建国 50 周年），胡錦濤氏は 2009 年（建国 60 周年）の国慶節に実施

図表 1　長期政権に向けた習近平総書記による権力掌握の推移

◎前倒しでの権力掌握
・前倒しの軍事パレード（2015 年）
・「核心」の称号（2016 年六中全会）
・「習近平新時代の中国の特色ある社会主義思想」党規約・指導指針入り（2017 年党大会）
・憲法改正：国家主席の任期撤廃（2018 年全人代）
・「第 3 の歴史決議」（2021 年六中全会）
◎徹底した反腐敗
・全国の紀律検査・監察機関の立件数 451 万 6000 件，処分 443 万 9000 件（〜2022 年 6 月）
・政治局以上では周永康，薄熙来，郭伯雄，徐才厚，孫政才の各氏が失脚
◎党中央への権力集中
・小組の設置による意思決定・指揮系統の一本化
・中央全面深化改革委員会，中央財経委員会，中央国家安全委員会，中央外事工作委員会，
　中央全面依法治国委員会を相次いで設置
◎「述職（総書記への職務報告）」の義務化
・政治局構成員の習総書記への書面での業務報告を義務付け（2018 年〜）

（出所）報道から筆者作成

のイベントが続いた。仕上げは 21 年 11 月の六中全会で「第 3 の歴史決議」を採択，自らを毛沢東，鄧小平に続く指導者と位置づけたのだった。

1.2　「質の高い成長」と世直し政策の混乱

　「習近平新時代」の経済は成果と課題が入り混じる。潜在的なリスクの発生を未然に防止し，中高速成長へのギアチェンジ（新常態）を図り，年平均経済成長率 6.6％（2013〜21 年）を達成したことが第一の成果として挙げられよう。世界経済に占める割合はその間に 11.3％から 18.5％へと上昇した。また政府が自賛するのは経済規模の拡大，成長スピードの一面的な追求ではなく，2000年に掲げた農村貧困人口ゼロ，「小康社会」実現の公約を達成，地域格差や都市農村間格差の是正など「質の高い成長」を実現したことである。

　成果の 2 つ目は，「中所得の罠」が懸念される中，デジタル化の流れにのってイノベーション創新型という新たな成長モデルに取り組んだことである。4G（第 4 世代移動通信システム）から 5G への移行，ビッグデータ，クラウド，ブロックチェーン，人工知能（AI）等を活用した新業態が次々と誕生する一方，伝統製造業でもこれらを活用した生産性向上が図られた。2012 年からの10 年間で研究開発（R&D）の国内総生産（GDP）比は 1.91％から 2.44％に上

図表 2　政府が自賛する経済・社会分野での成果

◎「質の高い経済成長」を標榜，投資から消費へ，バランスの取れた発展
・GDP は 54 兆元（2012 年）→ 114 兆元（2021 年），平均経済成長率 6.6%（2013〜21 年）
・世界経済に占める割合は 11.3%→18.5%，1 人当たり GDP1 万ドル突破（2019 年）
・民営企業 4457 万社（2021 年，12 年比 4 倍増），外資系 66 万 4000 社，市場主体 1 億 6000 万社
・「小康社会」実現，農村貧困人口 9899 万全て脱却，832 の国家級貧困県脱出
・中部，西部の年平均成長率が各 7.5%，7.7%（東部は 7.0%）
・常住人口の都市化率 53.1%（2012 年）→ 64.7%（2021 年）
・可処分所得の都市と農村比は 2.88（2012 年）→ 2.5（2021 年），
　一人当たり消費支出の比は同 2.57（2012 年）→ 1.9（2021 年）に縮小
　"ブラックスワン"，"灰色の犀" などのリスク未然回避
◎貿易・投資
・国際貿易（モノ＋サービス）に占める割合は 9.4% から 12.2% に（世界第 1 位）
・海外からの直接投資は 2015，16 年世界第 3 位，17 年から 5 年連続世界第 2 位
・対外投資はストックベースで 2013 年の 6605 億ドルから 2021 年 2 兆 7852 億ドルへ（米，オランダに次ぎ世界第 3 位）
・全国に 21 の自由貿易試験区設立（2013〜2020 年 8 月）
・ネガティブリスト（2021 年）は全国版 31，自貿区 27 に縮減
◎「創新」，デジタル化，科学技術の進歩
・WIPO グローバル・イノベーション・インデックスで 34 位（2012 年）→ 11 位（22 年）
・5G，ビッグデータ，クラウド，ブロックチェーン，AI 等を活用した新業態誕生，伝統製造業もこれらを活用し生産性向上
・月探査機「嫦娥」，有人宇宙船「神舟」，火星探査機「天問」，火星探査車「祝融」，太陽探査衛星「羲和」，深海有人潜水船「奮闘者」…
◎環境，脱炭素
・国連で 2030 年ピークアウト，2060 年カーボンニュートラルを宣言（2020 年 9 月）
・単位 GDP 当たりのエネルギー消費量（2021 年）が 2012 年比 26.4% 減
・全国地級市の空気質指数「優良」日数が 87.5%（2021 年）に，15 年比 6.3point 上昇

（出所）報道から筆者作成

昇，世界知的所有権機関（WIPO）が毎年発表するグローバル・イノベーション・インデックス（GII）では 12 年の 34 位から 22 年には 11 位に躍進した（日本は 13 位）。

　もう 1 つの特筆すべき成果が「緑色（エコ）」である。2013 年には PM2.5 による大気汚染が深刻化したが，第 13 次 5 カ年計画（2016〜20 年）で「緑色」をキーワードに関連指標の数値目標を掲げ，法整備や執行強化など取り組みを急速に進展させた。その結果，21 年の単位 GDP 当たりのエネルギー消費量が 12 年比 26.4% 減少するなどの成果を挙げた。また 16 年に気候変動に関するパリ協定を批准，20 年の国連総会一般演説で習近平国家主席が「3060 目標」

（2030年までにCO_2排出量ピークアウト，60年までにカーボンニュートラル実現）を宣言するなど積極的な温暖化対策で国際社会をリードする姿勢も示している。

こうした成果の一方，政権10年間の後半は「穏中求進（安定を前提としながら前進する）」が主旋律となった。成長率がじりじりと低下する中，「穏」すなわち安定が最優先され，2022年の党大会が近づくにつれて経済運営は完全に守りの姿勢が強まった。

さらに，党大会を1年後に控えた2021年8月，習主席は自身が主宰する中央財経委員会において「共同富裕」の推進を大々的に提唱した。「小康社会」実現の次の目標が「共同富裕」に設定されること自体は自然な流れともいえるが，内外から懸念を持たれたのは，経済発展の恩恵に浴さなかった地方や人々の底上げよりも，「先に豊かになった」人々からの再分配を意図したスローガンと思われたからである。

同委員会では，共同富裕実現の方法として，労働市場を通じた一次分配，税制や社会保障を通じた二次分配（再分配），さらに企業や個人の慈善活動や寄付などによる「三次分配」を組み合わせた分配方法が示され，中でも三次分配に重点が置かれていると読み取れた。また「高所得の規範と規制を強化し，法律に従って合法的な所得を保護し，過剰な高所得を合理的に調整し，高所得層と企業が社会により多くの見返りを与えることを奨励する必要がある。不当な収入を一掃して収入分配の秩序を正し，違法な収入を断固として禁止しなければならない」とする同委員会での要旨が報道された。

現実に，アリババ集団の創業者，馬雲（ジャック・マー）氏は，その前年の2020年11月に傘下のアント・グループの新規株式公開（IPO）が延期されて以来，公の場から姿を消し，2021年4月には独占禁止法に違反したとして同集団には182億元（約3500億円）余の行政処罰が課されていた。配車アプリ最大手の滴滴出行（ディディ）は米中対立の最中の同年6月末，ニューヨーク市場に上場したが，中国当局の逆鱗に触れ同社アプリの新規ダウンロードは禁止となったうえ，データセキュリティーに関する調査が始まり，結局は上場廃止に追い込まれた。他にも騰訊控股（テンセント）や小売り大手の蘇寧易購集団も独禁法違反で罰金を科されるなど，新興ネット企業が次々とやり玉に挙げ

られていた。

　2021 年 8 月の中央財経委員会の後，テンセントは 1000 億元，動画投稿アプリ「ティックトック」(TikTok) を擁する字節跳動（バイトダンス）創業者の張一鳴氏は個人で 5 億元を教育関連の基金に寄付，スマートフォンメーカーの小米科技（シャオミ）は創業者の雷軍氏が約 145 億元分の自社株を貧困対策のための自身の基金に譲渡すると発表した。

　さらに，著名な芸能人が脱税で摘発されるなど，文化大革命の時代を思い起こさせるような資本家・富裕層叩きの嵐だった。また小中学生の宿題，塾通いの削減（「双減政策」）や学習塾への規制，ネットゲームの時間制限，ファンビジネス（推し活，投げ銭，グループアカウント等）の禁止，革命遺伝子の継承教育強化といった青少年の思想教育にまで及んだ。

　これら一種の「世直し政策」は経済を混乱させ現実に遂行するのは無理なも

図表 3　「共同富裕」と世直し政策の混乱

◎「共同富裕」の提唱（2021/8）
・新興企業・経営者の高額寄付，著名俳優脱税摘発が相次ぐ
・不動産税の試験導入を全人代常務委が検討 2021/10）→先送り決定（2022/3）
・個人資産の監視強化
・『求是』誌で共同富裕の実践方法を微修正（2022/5/16）
◎健全な青少年の育成
・「双減政策」(2021/5) 宿題，塾通いの削減，学習塾への規制
・「未成年のネットゲーム中毒防止に関わる通知」(2021/8)
　18 歳未満のゲーム利用を金・土・日曜・祝日の午後 8〜9 時に制限
・「“饭圏”の無秩序是正の更なる強化に関する通知」(2021/8)
　ファンビジネス（推し活，投げ銭，グループアカウント等）の禁止
・芸能人やインフルエンサーを起用した広告・宣伝の規制（2022/10）
・「紅色基因（革命遺伝子）」の継承教育
◎衛生面の改善，ぜいたく禁止
・「厠所革命」(2017/11)　2021 年までに農村衛生トイレの普及率 70％以上を指示
・習主席がゴミ分別の指示（2019/6），全国地級市で生活ゴミの分類を全面的に開始
・「光盤行動」(2020/8)　ぜいたく，食べ残し制止を提唱
　「食糧節約行動方案」(2021/10)「反食品浪費法」(2021/4)
◎先祖返り，懐古的な組織や運動の復活
・「中共中央・国務院の供銷合作社の総合的改革の深化に関する決定」(2015 年)
　「供銷社」（購買販売組合）の復活
・愛国健康衛生運動（2022/12）

　（出所）報道から筆者作成

のもあり，必ずしも一貫した政策として継続されているわけではない。しかし，いつまたどういう形で攻撃の矛先が向けられるか分からず，先行きへの不安を増幅させている。

1.3 「人類運命共同体」も「戦狼外交」で抑止招く

　「習近平新時代」で特筆されるのが，外交である。習総書記は就任後，それまで中立的に語られていた「普世価値（普遍的な価値）」を西側先進国の発想として一線を画し，「中国の智慧」「中国方案（中国式解決法）」を提起，そして「人類運命共同体」の理念を掲げる。

　習主席は2013年3月，初の外遊先のロシアで中国外交の基本軸を「平和発展の道」「協力・ウィンウィンを核心とした新型国際関係」「運命共同体」と表現した。これが「中国の特色ある大国関係」の基本コンセプトである。そしてこの理念を体現しようとしたのが2013年提唱の「一帯一路」構想である。構想は周辺諸国，沿線国のみならず，南米やアフリカ諸国などを含めて高速鉄道や港湾をはじめとするインフラ建設や資金協力を軸に急拡大，習主席の看板政策の1つとなった。

　「一帯一路」は中国各都市と欧州を結ぶ国際貨物列車「中欧班列」が物流の活性化をもたらす一方，相手国が返済困難に陥る「債務の罠」が2018年頃から指摘されるようになった。「一帯一路」が「債務の罠」と結び付けられて批判を受けたこともあり，20年あたりからはその成果や宣伝活動も減少し，「質の高い一帯一路の共同建設」といった控えめな表現が見られるようになった。

　もう1つ，習主席の時代認識を端的に表現するのが，「百年未有之大変局」（百年未曽有の大変局）という言葉である。2017年末に開催された駐外使節会議が初出と言われ，その後党内でのコンセンサスを得て党の国際情勢認識となった[2]。特に新型コロナウイルスの世界的な感染爆発によってポストコロナと相俟った概念のようにも認識されているが，元々は米国の衰退と中国の台頭に伴う国際秩序の大変革期を意識したものだった。

2　加茂具樹「百年に一度の大変局に主体的対処」https://www.kazankai.org/media/cl/a148，2022年12月29日アクセス

　すなわち，建国百周年（2049年）に「社会主義現代化強国」を実現するという大目標の中で，米国一国支配から多極化へ中国に望ましい国際秩序を構築することが必要である。それが前述の「人類運命共同体」の理念であり，「一帯一路」のような国際公共財の提供につながるものである。

　しかし，10年経ってどうだったか。「債務の罠」は別にしても，強烈な自己主張と好戦的な外交スタイルの「戦狼外交」は国際社会における中国の印象や立場を向上させたとは言い難い。新時代10年の前半に打った中国に有利な国際環境の布石は悉く裏目に出ている。米国との関係は米国の一政権に限った対中姿勢ではなく，技術の分断をはじめ諸分野で対決・対抗姿勢が強まった。習

図表4　習近平外交の実績

◎「中国の特色ある大国外交」「人類運命共同体」「百年未有之大変局」
・中央外事工作会議で習主席が初めて「中国の特色ある大国外交」を提唱（2014）
・我が国は近代以来最高の発展期，世界は百年未曾有の大変局，両者が交錯（2017）
◎「一帯一路」提唱（2013），アジアインフラ投資銀行（AIIB）設立（2015）
・「一帯一路」国際協力サミットフォーラム（2017,2019）
・149カ国，32国際組織と協力文書を締結
・「六廊六路多国多港（6経済回廊，6ルート，複数国，複数港）」の枠組み構築
・「債務の罠」批判により「質の高い一帯一路」へ軌道修正
◎主場外交と中国を中心とした多国間の枠組み
・北京APEC（2014/11），杭州G20（2016/9）
・BRICS首脳会議，上海協力機構（SCO），中東欧諸国（17+1），中国・アフリカ協力フォーラム（FOCAC）
・習主席の外遊42回，69カ国訪問。100以上の国家元首・首脳を接遇
◎「新型国際関係」提唱も「戦狼外交」で国際社会との不協和音
・米中対立の長期化，尖鋭化，デカップリング，台湾をめぐる相克，ロシアへの傾斜
・「黄金時代」を謳うも持続せず（英，豪，韓，中東欧…）
・周辺諸国との軋轢（日，韓，フィリピン）
◎新疆，香港の人権問題
・国連人権理事会での非難決議否決
◎コロナ外交
・120数カ国・国際組織にワクチン22億剤を提供
◎「グローバル発展イニシアティブ」（2021/9），「グローバル安全保障イニシアティブ」（2022/4），「グローバル文明イニシアティブ」（2023/3）提唱
◎自由貿易協定（FTA）への参加
・26カ国・地域と19の自由貿易協定（FTA）締結
・RCEP締結（2020/11），CPTPPへの加入正式申請（2021/9）
・デジタル経済パートナーシップ協定（DEPA）加盟申請（2021/11）

（出所）報道から筆者作成

主席が国賓訪問して一度は黄金時代を謳った英国との関係はその後険悪化，密接な経済関係を有する豪州とも摩擦が生じ中国封じ込めの性格を持つ安全保障の枠組み AUKUS（オーカス）が成立した。欧州諸国の中には，チェコやリトアニアのように中国の圧力に屈せず台湾との関係を強化する国も出始めた。一方でロシアへの傾斜は米中対立の中で外せない選択ではあったが，ロシアのウクライナ侵攻によって中国の立場にも影響している。米国のみならず国際的に中国の台頭や経済力を利用した威圧に対する警戒感が高まり，それまでの関与から抑止へと大きな流れが変化したのは新時代10年最大の誤算ではないだろうか。

2. 異例の党大会人事

2.1 参考にならなくなった前例・慣例

　習近平総書記は「異例の3期目」と言われるように，毛沢東氏没後は天安門事件によって急遽総書記に就任した江沢民氏の例があるだけである。江氏は失脚した前任（趙紫陽氏）の残任期間（1989〜92年）＋2期10年（1992〜2002年）の変則的な在任期間だった。

　鄧小平時代（1978年〜）は，終身権力の末に大混乱を起こした毛沢東個人独裁の反省から集団指導体制に移行し，指導部人事については制度化が図られた。同一ポストは2期10年，「七上八下（政治局常務委員は就任時68歳未満）」がよく知られているが，2022年の第20回党大会では自身に「七上八下」ルールを当てはめず続投した他，政治局で「八下」（年齢制限）が適用されなかったのは，中央軍事委員会副主席だった張又侠氏（1950年生まれ，留任）と，外交担当の国務委員（外相，当時）の王毅氏（1953年生まれ，新任）の2人である。一方，「七上」ルールでは指導部内に留任可能な李克強首相（当時），汪洋政協主席（同）が68歳前に一線を退くこととなった他，政治局委員の胡春華副首相（同，1963年生まれ）は異例の中央委員降格となった。

　鄧小平時代の慣例では，次期最高指導部候補を前の党大会で政治局常務委員に登用することで苛烈な権力闘争を回避する工夫がなされていたが，2017年の党大会および22年の党大会でも後継体制を占うに足るヒントは何もな

かった。

「異例の3期目」が現実になるのか注目を集めていた2022年夏，中国メディアでは米国のフランクリン・ルーズベルト元大統領が第二次大戦時に3選，4選をした例を挙げて，国家の非常時には不思議ではない，といった論調も流布していた。ペロシ下院議長の台湾訪問による米中関係の緊張もあり，今は非常時であると強調された。

　前例を踏襲しないのは年齢や多選だけではない。過去，首相は副首相経験者であることが慣例であったため，候補者を絞ることが可能だったが，今回のように李強新首相は副首相はおろか国務院での勤務経験を持たないという前例のない抜擢が行われた[3]。

2.2　実力未知数の側近たち

　また政治局クラスのポストになると，従前では過去のキャリア（特に中央委員歴）から序列や新ポストを予想することも可能だったが，新たに政治局常務委員になった李強，蔡奇，丁薛祥，李希の4氏うち，第18回党大会（2012年）の段階で中央委員だったのは丁氏一人だけ。李強氏は候補委員，李希氏も第17回，18回の候補委員，蔡氏は19回に2段階特進で政治局委員になったばかりである。所管分野もこれまでのポストとは微妙に異なり，いずれもその分野で十分な経験と実績を積んできたとは言い難い。特定の分野で突出する人物が出ないよう，「国替え」をしながら忠誠を競わせているようにも見える。

　従来行われてきた経歴と年齢を基にした登用は全国に張り巡らされた共青団を中心とした党エリートによる平時の官僚システムとして機能していたが，一旦出世競争に出遅れると挽回ができない，という弊害もあった。また競争を勝ち抜いたエリートは上に行けば行くほど安全運転をするようになり，習近平総書記はこうしたエリートコースに乗った共青団出身者を貴族化していると批判し，もっと地に足の着いた仕事を懸命にすることを求めていた。共青団トップ経験者は李克強氏，胡春華氏，周強氏といずれも一線を退いた。

　習主席は「鉄椅子ではない」と幹部の職務継続に厳しい条件を付けるととも

3　副首相経験者の条件で首相候補を絞れば，汪洋，韓正（年齢制限超過），胡春華の3氏となる。

図表5 国家主席と副主席の顔ぶれの変遷

在任期間	国家主席	国家副主席
1983年6月〜1988年4月	李先念（常務委員）	烏蘭夫（政治局員）
1988年4月〜1993年3月	楊尚昆（政治局）	王 震（前政治局員）
1993年3月〜1998年3月	江沢民（総書記）	栄毅仁（「紅色資本家」）
1998年3月〜2003年3月	江沢民（総書記）	胡錦濤（政治局常務委員）
2003年3月〜2008年3月	胡錦濤（総書記）	曽慶紅（政治局常務委員）
2008年3月〜2013年3月	胡錦濤（総書記）	習近平（政治局常務委員）
2013年3月〜2018年3月	習近平（総書記）	李源潮（政治局員）
2018年3月〜2023年3月	習近平（総書記）	王岐山（前常務委員，序列8位）
2023年3月〜	習近平（総書記）	韓 正（前常務委員）

（注）（ ）は党内ポスト。栄毅仁は非党員
（出所）公式資料から筆者作成

　に，求める指導部像と異なる異分子を徹底排除したが，結局は自身の手の届く範囲で忠誠を試したかつての部下とそれにつながる人たちである。これらの忠臣だけで国を動かすのは無理があるのは明白だ。また，側近の登用が実力を備えた適材適所であれば問題はないが，未知数の部分があまりにも多い。

　国家副主席ポストの性質も大きく変化した。1998〜2013年の江沢民，胡錦濤時代には次期主席候補（政治局常務委員）が副主席を担ったが，習時代になるとその意味合いは無くなり，18年にはヒラ党員（中央委員未選出，前常務委員）の王岐山氏が就任した（序列8位）。23年には，やはり王氏と同じく常務委員からヒラ党員となった韓正前副首相が就任した。

　また，これまで政治局には必ず女性が1名含まれていたが，今回は24名中女性，少数民族は1人もいない。これらを特別に排除したわけではないだろうが，外部からの視線を意識する余裕もなくバランスを欠いた指導部になったのではないだろうか。

3. 長期政権が直面する課題と展望

3.1 弱気が支配する経済の先行きと政策の振れ幅拡大

　第20回党大会とそれに続く一中全会が閉幕した翌日の2022年10月24日，

外国人の中国本土株の売越額は 179 億元と過去最大を記録した。3 期目に入った習近平指導部に対し，金融市場（投資家）は政権の強権姿勢を憂慮し，企業の自由競争や技術革新の阻害，経済成長の鈍化に不安を強めたと言える。

　党大会後の同年 12 月中旬に開催された中央経済工作会議では，中国経済を取り巻く 3 つの逆風として「需要収縮」「供給衝撃」「期待の弱さ（見通しの暗さ）」が示された。この中で 3 番目の悲観的な見通しが内外を支配していることが大きな問題である。短期的にはゼロコロナ政策の長期化による雇用や収入への不安に伴う消費意欲の停滞，資源・原材料高，ウクライナ紛争，米中摩擦による企業業績への影響，中長期的には人口動態の変化に伴う逆風，不動産市場の縮小，地方財政の持続可能性と悪材料には事欠かない。

　こうした悪材料に加えて，悲観的にならざるを得ないのは前述のように新指導部の経済運営の力量が未知数で，政策の振れ幅が大きく予見可能性の低いことが挙げられる。習主席の威信がかかったゼロコロナ政策は 2022 年，感染力が強く毒性の弱いオミクロン株への変異によって，それまでの厳格な対応では社会経済に与えるコストが大きくなり，十分に準備していたとは思えないタイミングで政策は突如急転換した（次のページの BOX 参照）。

　不動産については，2016 年の習主席が「住宅は住むもので投機の対象ではない（中国語：房住不炒）」と述べて以来，政府は主に転売規制など需要抑制策を強めていたが，20 年 8 月には不動産デベロッパーを対象とした財務規制（「3 つのレッドライン」）に踏み込んだ。これにより最大手の恒大集団をはじめデベロッパーの資金繰り悪化が表面化し，折しも習氏が「共同富裕」政策を大々的に提唱した時期とも重なったことから，再分配を意図した民営企業叩きと理解され，デベロッパーの経営，不動産市場に対する悲観的な見方が強まった。22 年 8 月には各地で未完成物件の住宅ローン返済拒否騒動が広がり，市況の悪化が経済に与える打撃に加え社会不安を招く要因になっていることから，政府は同 11 月に入り不動産デベロッパーへの支援姿勢に転じた。

　2023 年は景気の下押し圧力が強い中，ゼロコロナ政策転換（社会経済活動の再開）という，習主席の判断が正しかったことを経済の V 字回復によって証明しなければならない。そのためには，外資や民営企業の力が必要である。中央経済工作会議では，「2 つの揺るがず（公有制経済の発展と非公有制経済

〈BOX：コロナ政策をめぐる「主席至上」〉

　ゼロコロナ政策の開始と終了をめぐっては不可解な点が多い。まず，習近平国家主席（総書記）はいつ事態を把握し指示を出したのか。湖北省武漢市から全国に急拡大した新型肺炎に対する習主席の重要指示を公式報道で確認できるのは 2020 年 1 月 20 日が最初である（『人民日報』1 月 21 日付）。習主席はその直前の1 月 17〜18 日にミャンマーを公式訪問し 18 日夜に帰国（到着地は雲南省と推定される），19 日と 20 日は人民解放軍の駐雲南部隊を視察，同紙には春節を前に部隊を慰問するにこやかな習主席の写真が掲載されている。

　ところが同年 2 月 15 日に公開された党の理論誌『求是』において突然，1 月 7日の共産党政治局常務委員会の会議でウイルス対策を指示したという習主席の講話（2 月 3 日）が掲載された。すなわち，公式報道の 13 日前にすでに習主席は事態の重大さを認識して指示を出していたというのである。ただ，1 月 18 日に武漢市で 4 万世帯以上が参加した伝統的な宴会（「万家宴」）が行われるなど危機感は薄く，突然の武漢都市封鎖が行われたのは 1 月 20 日の初報道をはさんで 23日のこと。そこから大規模なプレハブ隔離病棟を突貫建設，ゼロコロナ政策に急突進したのは周知のとおりである。

　武漢の成功物語から 3 年弱，突然のゼロコロナ政策終了の意思決定も謎が多い。2022 年 10 月の党大会では，「揺るぐことなく動的ゼロコロナを堅持し（中略）感染症対策と経済・社会発展の両立において重要で前向きな成果を収めた」と絶賛。11 月 10 日の政治局常務委員会議でも，「動的ゼロコロナ政策の総方針を揺るがすことなく貫徹する」と従来方針を強調したばかりで政策変更の可能性はみじんも感じられなかった。

　それが同 11 月 24 日の新疆ウイグル自治区ウルムチ市での火災に端を発し，「白紙運動」が全国に広がるとその後習主席はもちろん指導者の誰も「ゼロコロナ」に一切触れることなく，「最適化」の名の下あっさりと事実上撤回された。あまりの急転換に国民も安堵する間もなく，医薬品不足や医療機関の混乱，火葬場の長い順番待ちと異常事態に巻き込まれた。

　習主席は同 12 月 31 日にテレビ向けに行った新年の挨拶では，「感染症の拡大以来，終始一貫して『人民至上』『生命至上』の理念を貫き，科学的かつ的確な感染対策を堅持し，状況の変化に応じて感染対策を調整し，人民の生命の安全と

健康を最大限に守ってきた」とゼロコロナに触れることなく，状況の変化に応じた果断な対策と自賛した。

　2023年1月8日の『人民日報』ではコロナ政策の変更について，「3年間常に主導権を手放さず，主体的に感染防止・抑制政策を最適化した」「成り行き任せではなく周到な準備の下に行った科学的判断」と主張した。「経済・社会に対し新型コロナの影響を最大限抑える」という変更目的は十分に理解できるが，果たして人民至上，生命至上であったと言えるのか。

　1年後にはV字回復を大宣伝して習主席の適切な判断だったとキャンペーンが展開されるのだろう。歴史の上書きは「主席至上」ではなかったのか。

の発展への揺るぎない支援）」が強調された。公有・非公有いずれも重要（政府は支持する）というのが本来の意味だが，その時々でどちらかに重点が置かれていることが多い。今回は明らかに非公有制（民営企業）を激励する文脈である。

　劉鶴副首相（当時）が23年1月中旬，世界経済フォーラムの年次総会（ダボス会議）で「中国は計画経済に戻らない。開放こそが中国経済を進歩させる動力で国際協力の全面的強化を望んでいる」とメッセージを送ったのも，今は民営企業も外資も最大限利用して経済を回復軌道に乗せるのが最優先という意思の表れである。

　また前述のように2020年11月，アント・グループのIPOが突然延期になったのを契機にネット企業に対する統制が猛烈に強まったが，23年1月，郭樹清・中国銀行保険監督管理委員会主席（当時）が中国のネット企業に対する是正措置が「基本的に完了した」と表明，監督強化の局面は一段落したことを示した。再び嵐の前の状態に戻るかどうかは不明だが，創業者の馬雲氏がアントの実質支配株主から外れると発表，また英紙フィナンシャル・タイムズ（FT）によれば，中国政府系ファンドがアリババ集団傘下企業の「黄金株」に類似した株式を取得したという[4]。3月末には長期間所在不明だった馬雲氏が浙江省杭州市で姿を現したのも政府の民営企業支援のメッセージだろう。

4　『日本経済新聞』2023年1月14日付

経済への打撃が予想以上に大きかったことから突然ゼロコロナが解除され，IT企業への統制は終了宣言が出されたが，これらと逆のことがまたいつ起こるかわからない。一旦経済状況が悪化すれば，民営企業や外資の力も総動員して建て直しを図ろうとするが，いつまた統制が強化されるかわからない。政権の基本姿勢として今後も経済（民営企業）への統制を手放すことはないし，目指す方向性は混合所有制の名の下，実質的な国有支配を強めることであるのが透けて見えているので，常に風向きに用心しなければならない。

政府は微妙な匙加減に長けておらず，政策は極端に走る傾向がある。特に習氏の判断に異を唱えられない状況では，行くところまで行って方針転換となるので，政策の振れ幅は大きくならざるを得ない。

3.2 米中対立長期化と「中国式現代化」の提唱

習近平総書記の2期10年で，当初の思惑とはかけ離れた方向に行ってしまったのが外交であり，中国を取り巻く国際環境の悪化である。米中対立自体は想定していたにしてもオバマ，トランプ，バイデン政権と進むにつれて貿易摩擦から，技術，資金，人材，そして国際社会を巻き込んだ戦線に拡大した。米国は中国について国際秩序を再構築する意図とそれを実現する経済力，外交力，軍事力，技術力を併せ持つ唯一の国とみなして次々に圧力をかけている。また中国が内政，核心的利益と位置づける台湾問題と絡めて揺さぶりをかけていることに中国側は強く反発する。

「習近平新時代」は，米国一極支配から中国の主導する多極化した国際秩序への移行，台湾との統一をいかに実現するかが二大課題である。現在米国の80％弱である中国のGDPが米国に接近すればするほど米国はなりふり構わず総力戦で中国の引きずり下ろしを画策する。またそれが米国単独では難しいとなれば，AUKUS，日米豪印の戦略対話（QUAD），インド太平洋経済枠組み（IPEF）と重層的な包囲網を形成し，民主主義同盟国の結束を呼びかける。あまり意味はなかったが民主主義サミット（2021年12月，23年3月）や北京冬季五輪の外交ボイコット（22年2月）もその一例である。中国側はこうした動きに強く反発し孤立していないと主張，東南アジア諸国連合（ASEAN），アラブ諸国，アフリカ，中南米，南太平洋諸国等で両陣営のせめぎあいが加熱

しているのが現状である。

　習主席が第 20 回党大会で打ち出した重要なキーワードの 1 つが「中国式現代化」である。習主席は 2023 年 2 月，新たに中央委員となった幹部に向けた中央党校での講話で「中国式現代化は『現代化＝西側化』という誤った考えを打ち破り，発展途上国に現代化の新しい道筋を示し，人類のより良い社会制度の探索に中国の手法を提供した」と強調した。グローバルサウスと呼ばれる途上国を念頭に，米国とは異なる発展方式を呼びかけたものである。

　習主席は 2021 年 9 月，国連総会で「グローバル発展イニシアティブ（GDI）」を提起したのに続き，2022 年 4 月に「グローバル安全イニシアティブ（GSI）」，2023 年 3 月には「グローバル文明イニシアティブ（GCI）」を相次いで提唱した。いずれも習主席が提唱する「人類運命共同体」の理念の下，米国とは異なる発展観，安全保障観，文明観を提示したもので，鄧小平氏が唱えた「韜光養晦（才能を隠して，内に力を蓄える）」との訣別を示すものといえる。

　一方で，中国は米国不在の CPTPP（包括的・先進的環太平洋経済連携協定，TPP11）へ正式加入を申請した（2021 年 9 月）。国有企業の中立性確保や電子商取引の「TPP3 原則」[5] との乖離など加入のハードルは高いが，CPTPP において国際通商ルールの枠組みに参加する強い意思を有しているものといえる。

3.3　社会の変化と統治スタイルのギャップ

　上述のように，第 20 回党大会では思いのままの人事を実現させ，自身を脅かす可能性のある存在は悉く排除した。これにより権力基盤は盤石というのが大方の見方である。その一方で，党大会では総書記に代わる党主席制は実現せず，「領袖」の呼称，「二つの確立」「習近平思想」はいずれも党規約に明記されなかった。なかでも党大会前には盛んに喧伝された「人民の領袖」の呼称は党大会閉幕後には突然封印されてしまった。これまでの共産党一党独裁の中の集団指導から一党・個人独裁へと変化し，その長期化とともに権力内の緊張は増していることも考えられる。

5　「情報の自由な越境移転」「サーバー等の自国内設置要求の禁止」「ソースコードの開示・移転要求の禁止」

　2022年11月末に各地で政権へ抗議の声を上げた「白紙運動」は指導部にとっても衝撃であったことは想像に難くない。ゼロコロナ政策下，中国のネット上では"潤（run）"という国外脱出を意味する言葉が流行した。経済成長鈍化，少子高齢化が進む中，中国社会も成熟化し，価値観は多様化していく。海外旅行やネット世界を通じて中国以外の社会や価値観に触れる機会も増えた。政権が国民に刻苦奮闘の大号令を発する高度成長期を引きずった統治スタイルと，頑張らない，無理をしない生き方（寝そべり）を指向する若者との間の価値観の差は広がっているのではないか。

　1989年の天安門事件は共産党政権にとっては忘れられない記憶であるが，人口の大半はその事実を何も知らない。特に20代から下の若者たちにとっては自国の体制がいかに優れているのか，党が礼賛する祖国は刷り込まれていても党が牙をむいた時の免疫は持っていない。施政への抗議の声を上げる活動を政権は海外勢力の介入，「カラー革命」と主張するが，国民の間にはそこまで大それたことをしている意識はないのだろう。

　習近平総書記は2022年12月31日放映の新年挨拶の中で「中国はこんなに大きい。異なる人が異なる要望を持ったり，同じ事に対しても異なる見方を持ったりするのは当然であり，意思疎通を図ってコンセンサスを集約しなければならない」と国民に団結を呼びかけた。

　これまで国家安全の名の下，デジタルを活用した国民監視体制は威力を発揮してきたが，今後もこの統治スタイルは可能だろうか。強権統治の長期化は国民の不満を吸収しきれず緊張を増す恐れはないのだろうか。時代の変化，国民の意識に合わせた統治スタイルの模索も長期政権の課題となるだろう。

［参考文献］

「高挙中国特色社会主義偉大旗幟　為全面建設社会主義現代化国家而団結奮斗」
　—在中国共産党第二十次全国代表大会上的報告（2022年10月16日）http://cpc.people.com.
　cn/20th/n1/2022/1026/c448334-32551867.html
中国経済这十年（2012-2022）編写組（2022）『中国経済这十年』経済科学出版社
遊川和郎（2019）「習近平政権『新時代』の成果と展望」『習近平政権第1期総括』亜細亜大学アジア
　研究所アジア研究シリーズ100
遊川和郎（2020）「習近平政権2期目の逆風」『習近平政権第二期（前半）』亜細亜大学アジア研究所
　アジア研究シリーズ104
遊川和郎・湯浅健司編著（2022a）『習近平『一強』体制の行方』文眞堂

遊川和郎（2022b）「習近平『新時代』で中国，世界はどうなるのか」『亜細亜大学アジア研究所所報』
　　第 188 号
遊川和郎（2023a）「習近平新時代十年の成果と課題」『中国　異例の長期政権はどこに向かうのか』
　　亜細亜大学アジア研究所アジア研究シリーズ 110
遊川和郎（2023b）「習近平『新時代』の中国の行方」『高まる地政学的リスクとアジアの通商秩序』
　　文眞堂

第2章

自律的回復力を欠くコロナ後の中国経済
—— 強めの景気刺激は持続的成長阻害も

国際経済研究所　研究部　主席研究員
伊藤信悟

◉ポイント

▶ 2022年の中国の実質GDP成長率は3.0％と，目標値（5.5％前後）を大きく下回った。① ゼロコロナ政策による行動規制，感染拡大による行動難・自粛，② 不動産不況の長期化，③ 輸出環境の悪化——が響いた。しかし，ウィズコロナへの転換と感染のピークアウトを契機に，経済は回復に向かいつつある。

▶ ただし，自律的回復力は弱い。① 世界経済の減速と在庫調整による成長の下押し，② 住宅の過剰供給の深刻化と人口減少等による住宅需要の長期的減少傾向，③ 大規模かつ速やかな「リベンジ消費」を引き起こす上での障害の存在——がその主因である。

▶ 中国政府は内需拡大を中心とした景気刺激策を強化し，成長率を5.0％前後に引き上げると予測する。しかし景気刺激策への依存を強めれば，2020〜35年のGDP倍増はより難しくなる。新たな改革深化に関する計画の立案・履行を通じ経済運営に対する企業や消費者の信任を高め，持続的にイノベーションを促せるかがカギとなる。

◉注目データ ☞　中国の住宅在庫面積の対販売面積比率の推移

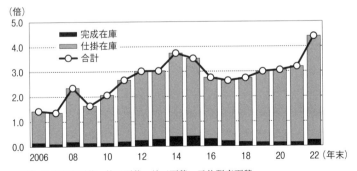

（注）仕掛在庫面積＝施工面積−竣工面積−予約販売面積。
（出所）中国国家統計局，CEIC Data

1. 低成長となった2022年の中国経済〜3つの主因

　2022年3月，中国の全国人民代表大会（全人代，国会に相当）は同年の国内総生産（GDP）の実質成長率の目標を「5.5％前後」に据えた。しかし，2022年の実際の成長率は3.0％と，目標を大きく下回る結果となった。

1.1　ゼロコロナ政策による行動規制や感染拡大による行動制約・自粛の広がり

　低成長となった主因は3つある。第1にゼロコロナ政策による厳しい行動規制や感染拡大による行動制約・自粛の広がりの影響である。

　全人代が閉幕した2022年3月11日以降，中国では新型コロナウイルスの感染者数が顕著に増え始めた。3月末頃から6月初頭にかけては，上海市をはじめ，中国の主要都市で封鎖（ロックダウン）が実施されるに至った。行動規制の厳しさは，主要18都市の地下鉄利用者数の大幅な減少に表れている（図表1）。

　6月以降にロックダウンの見直しが行われたとはいえ，行動規制の厳しさは

図表1　主要18都市の地下鉄利用者数の推移

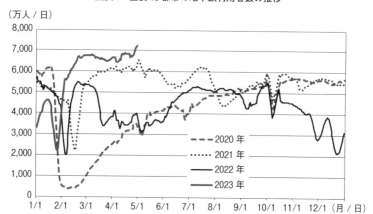

（注）7日間移動平均。上海，広州，成都，南京，西安，蘇州，鄭州，北京，重慶，
　　　深圳，長沙，昆明，合肥，南寧，東莞，厦門，石家庄，武漢の18都市。
（出所）Wind

残り，その結果，しばらく感染者数は低水準で推移したが，第 20 回共産党大会の閉幕後，2022 年 10 月末になると感染が再び急速に広がった。同 11 月 27 日には無症状感染者も含め，感染者数は 4 万 347 人に達した。感染が広がるなか，習近平政権は同 11 月 10 日の中央政治局常務会議を契機にゼロコロナ政策の見直しに着手し，23 年 1 月 8 日には新型コロナの危険度区分の引き下げ，隔離措置の撤廃によりゼロコロナ政策を終わらせたが，主要 18 都市の地下鉄利用者数は 22 年末にかけて減少基調を辿った。感染者の状況を連続性のある統計で確認することは困難ながら，罹患し移動が困難になった人が多発したこと，「感染爆発」を受けて行動自粛が広がったことが理由だと推察される。

　実質 GDP 成長率の動きをみると，上記の行動規制や感染状況が景気に大きな影響を及ぼしたことがわかる。季節調整済み前期比の伸び率でみると，2022 年の実質 GDP 成長率は 1〜3 月期から順に 0.8％，マイナス 2.3％，3.9％，0.6％と，4〜6 月期，10〜12 月期の冷え込みが顕著となっている（図表 2）。前年同期比でみても 4〜6 月期，10〜12 月期に減速している（1〜3 月期から順に 4.8％，0.4％，3.9％，2.9％）。

　新型コロナの影響をとりわけ強く受けたのは個人消費であった。消費品小売総額の実質伸び率は 2021 年の 10.5％から 2022 年にはマイナス 2.9％に落ち込んだ（推計値）。1 人当たり実質消費支出の伸び率も 21 年の 12.6％から 22 年

図表 2　実質 GDP 成長率の推移

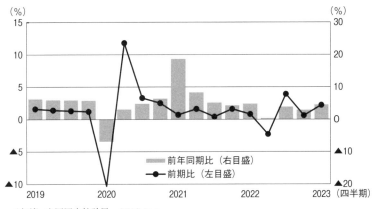

（出所）中国国家統計局，CEIC Data

にはマイナス 0.2％に低下した。なかでも悪影響を受けたのが，飲食業などの接触型サービス業であった。22 年の飲食業の売上高は前年比 6.3％も減少し，商品販売業の 0.5％増と比べても落ち込みが目立った（名目値）。観光業が受けた影響も甚大だった。例えば，22 年の国内旅行人数は前年比 22.1％減，国内旅行収入は同 30.0％減であった。

　新型コロナは雇用環境にも影を落とした。都市部調査失業率は 2022 年 4 月には 6.1％を記録した。同 12 月には中国政府の設定目標の上限である 5.5％にまで下がったと発表されたが，製造業，非製造業調達担当者に聞いた雇用環境に関する景況判断はそれぞれ 44.8，42.9 と，判断の境目である 50 を大きく割る水準にまで落ち込んだ。いずれも新型コロナが中国全土で重大突発公共衛生事件 1 級に指定された直後である 20 年 2 月以来の低さであった。なかでもしわ寄せを受けたのが若年層である。16～24 歳の都市部失業率は 22 年 7 月には 19.9％にまで上昇した。22 年 12 月時点でも 16.7％と，21 年 12 月時点の 14.3％を依然として大きく上回る水準であった。

　厳しい雇用環境を反映し，1 人当たり賃金収入の実質伸び率も 2021 年の 8.6％から 22 年には 2.9％に低下した（推計値）。消費者マインドも過去最低水準に落ち込んだ。中国国家統計局の消費者信頼感指数は 22 年 4 月に信頼感の境目となる 100 を割り，同 11 月には 1990 年の統計公表以来最低の 85.5 にまで低下した。

　ゼロコロナ政策の下でのロックダウンとその後の「感染爆発」は，サプライチェーンの混乱も引き起こした。それが投資意欲に影響を与えたと推察される。2022 年の固定資産投資名目伸び率は全体で 5.1％だったが，国有および国有支配企業による下支えによるところが大きく（伸び率は 10.1％），外資系企業，香港・マカオ・台湾企業の投資の伸びはマイナス 4.7％，0.2％と極めて低調であった。

1.2　不動産不況の長期化

　2022 年の中国経済が低成長となった主因の 2 つ目は，不動産不況の長期化である。

　中国経済における不動産関連業のプレゼンスは非常に大きい。Rogoff &

Yang（2023）は不動産関連活動による付加価値誘発額が GDP に占めるシェアが 2021 年時点で 25.4％に達していると推計している。その不動産セクターが低迷に陥ったのである。

　住宅販売面積は 2021 年 7 月以降，1 年半にわたり前年同月比で減少が続き，22 年通年では前年比 26.8％減と，1991 年の統計公表以来の大幅な減少となった。その結果，住宅販売価格の下落も長期化した。中国政府の規制が相対的に緩いとみられる中古住宅販売価格は，国家統計局が公表している 70 都市平均値でみて 21 年 8 月以降，22 年 12 月に至るまで前月比で低下した。商業用物件，オフィスの販売も振るわず，22 年の不動産開発投資は前年比 10.0％減と，過去最大の減少幅を記録した（名目値）。不動産不況の構図は図表 3 のとおりである。

　2020 年初頭，政府は新型コロナの感染拡大を受けて緩和的な金融政策を採った。それにより不動産投機が活発化したことから，政府は同年後半に入ると，デベロッパーの債務削減を促すための政策を打ち出し始めた。例えば，「3 つのレッドライン」と呼ばれるデベロッパーを対象とした借入抑制基準の設定，商業銀行の貸出残高に占める不動産貸出，住宅ローン比率の上限設定などで

図表 3　不動産不況の構図

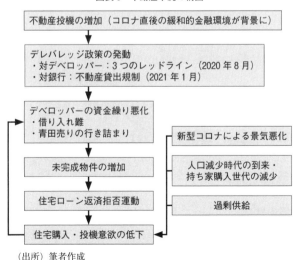

（出所）筆者作成

ある。

　その結果，借り入れ難と青田売りの行き詰まりが起き，デベロッパーの資金
繰りが悪化，未完成物件の増加が社会問題となった。易居研究院智庫中心
（2022）によると，2022 年 6 月時点で未完成住宅の建設面積は 2 億 3000 万平
方メートル（過去 4 年の新築住宅取引面積の 3.85%），未完成住宅の購入のた
めに貸し出された住宅ローンは 9000 億元（約 17 兆円，住宅ローン残高全体の
1.7%）に達したとされている。こうした事態に直面した住宅購入者による住
宅ローン返済拒否運動も起こった。

　デベロッパーに対する信頼感の低下，新型コロナによる景気悪化，さらには
人口減少時代の到来，主たる持ち家購入世代である 25〜34 歳人口の減少持続，
住宅の供給過剰という構造問題も重なり，住宅購入意欲，投機意欲が低下，そ
れがさらにデベロッパーの資金繰りを悪化させるという悪循環が形成されるこ
とになった。

　後述するように，政府は 2022 年後半に入りデベロッパー救済を強化するよ
うになったが，それでも 22 年のデベロッパーの債務不履行件数は前年比 8 割
増の 95 件，債務不履行残高は同 14% 増の 565 億元に膨らんだ（図表 4）。そう
した環境の下，不動産開発投資も大幅に減少することとなったのである。

図表 4　デベロッパーの債務不履行状況

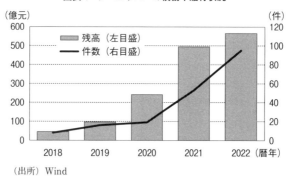

（出所）Wind

1.3　輸出環境の悪化

　低成長の主因の 3 つ目が，輸出環境の悪化である。2022 年の輸出額の実質
伸び率は前年比でマイナス 1.6% 程度になったと推察される。とりわけ 10〜12

図表5　中国の実質輸出入額伸び率

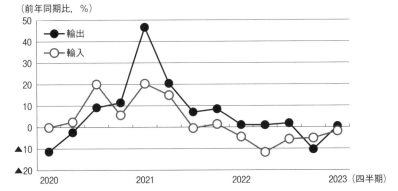

（注）輸出入数量指数伸び率による推計値。
（出所）中国海関総署，CEIC Data

月期の落ち込みが目立った（図表5）。輸出不振の理由として，第1にリモート・巣ごもり需要が一巡し，ノートパソコンや携帯電話などのIT機器の輸出が減少したことが挙げられる。22年のノートパソコン，携帯電話の輸出数量はそれぞれ前年比で25.3％，13.8％も減少した。第2に，インフレ抑制のための利上げの影響などにより欧米経済が減速したことが響いた。第3に，ロックダウンや感染者の激増によるサプライチェーンの混乱が輸出を阻害した。そうした事態や米中対立を受けてサプライチェーンの見直しが図られ，中国から他国・地域に輸出拠点を分散させる動きが進んだことも，輸出低迷の一因になったと推察される。

1.4　景気下支えを図るも成長率目標は達成できず

こうした状況を受けて中国政府は，財政支出の拡大や金融緩和を通じて景気の下支えを図ってきた。とりわけ顕著であったのが，地方政府特別債の前倒し発行などを通じたインフラ投資の加速である。2022年の固定資産投資の名目伸び率5.1％に対し，インフラ投資の伸び率は9.4％，電力・熱・ガス・水供給業の投資の伸び率は19.3％に上った。

金融緩和も行われた。預金準備率が2022年4月，12月の2回で計0.6％ポイント引き下げられた。貸出プライムレートも引き下げられたが，インフレ懸

念や資金流出懸念から小幅なものに留められた（2022年中に1年物で0.15％ポイント，5年物で0.35％ポイント引き下げ）。その代わりに，対象を絞った金融支援が行われた。住宅ローン金利の引き下げのほか，工業向け中長期融資が引き続き奨励された。工業向け中長期融資残高は2021年3月末以降，前年同期比で20％を超える高い伸びを続け，2022年末時点でも26.5％もの高率をつけている。また，ハイテク製造業向けの政府補助金支給，政府系ファンドによる投資などにも支えられ，製造業の固定資産投資名目伸び率は全体を上回る9.1％となった。

しかしながら，ゼロコロナ政策による強い行動制限や感染拡大による行動難・行動自粛の下では，景気対策は十分な効果を発揮しなかった。こうして2022年に政府は目標を大きく下回る成長率を甘受せざるを得なくなった。

2.　V字回復は可能か？〜2023年の中国経済の見通し

2.1　経済は回復へ〜ゼロコロナ政策解除，不動産市場の底打ち

2023年に中国経済が回復に転じる確率は，よほど大きな内外情勢の変化がない限り，高いだろう。実際，23年1〜3月期の実質GDP成長率は前年同期比4.5％，前期比2.2％と加速している（前掲図表2）。

中国経済が回復に向かうと考えられる最大の理由は，上述のように2023年1月8日にゼロコロナ政策が解除され，かつ，新型コロナの感染拡大もピークを打ったとみられるからである。中国の衛生当局が感染者数や死亡者数の発表を停止したため，正確な状況把握は一段と難しくなったが，各種情報から判断して，ゼロコロナ政策解除前後の感染拡大第1波は22年12月末から23年1月下旬の間にピークを打った可能性が高い。

それを受けて消費が回復に転じている。23年1〜3月期の消費品小売総額の実質伸び率は前年同期比4.7％と，22年10〜12月期のマイナス4.7％から回復している。そのけん引役となったのは飲食業に代表されるサービス業であった。旅行もコロナ前の19年の水準には及ばないまでも前年同期比で顕著な回復をみせている。文化観光省の発表によると，23年1〜3月期の国内旅行者数，国内旅行収入はそれぞれ前年同期比46.5％，68.8％増加している。サービス産

業の実質 GDP 成長率も前年同期比 5.4％と，22 年 10～12 月期の 2.3％から加速している。

第 2 に，不動産市場が底打ちし，回復に向かうと考えられる。中国政府が不動産市場に対する信頼感回復に向けた施策を強化しているからである。2022年 11 月には，中国人民銀行と中国銀行保険監督管理委員会が共同で不動産関連の包括的な金融支援策を発表し，デベロッパーの資金調達に対する支援，債務返済期限の延長と不良債権認定基準の緩和，不動産融資総量規制の緩和，個人向け住宅ローンの頭金や金利の引き下げ，不動産業のリストラ促進のための金融支援などの方針を打ち出した。

また，2022 年 12 月に開催された中央経済工作会議でも「不動産市場の安定・発展の確保」が 23 年の重要な方針として確認された。23 年に入ってからは，3 カ月連続で前年同月比，前月比ともに下落した都市における住宅ローン金利の下限の段階的引き下げ・撤廃や，大手 30 社を対象とした「3 つのレッドライン」の緩和といった措置がとられている。

それが一定の効果をもたらし，住宅販売面積の前年同月比伸び率は 2023 年3 月に 0.2％となり，1 年 9 カ月ぶりのプラスとなった。また，21 年 7 月以来前月比で下落していた中古住宅価格も 23 年 2 月に上昇に転じている。

2.2　Ｖ字回復を妨げる要因① ～輸出環境の悪化持続と在庫調整圧力の残存

しかし，Ｖ字回復を妨げる要因は多い。第 1 に，輸出環境の悪化が続く可能性が高い。インフレ抑制のための利上げの影響で世界経済が減速すると見込まれるからである。国際通貨基金（IMF）が 2023 年 4 月に発表した予測では，世界の実質 GDP 成長率は 22 年の 3.4％から 23 年には 2.8％に減速する見込みである。また，リモート・巣ごもり需要の減退による IT 製品の輸出低迷も続く公算が高い。米調査会社ガートナーは，世界の半導体売上高の伸び率が 22年の 0.2％から 23 年にはマイナス 11.2％に落ちると予測している。台湾系 IT製造業による中国からの生産拠点分散の動きが続くことも見込まれている。23年 1～3 月期に輸出額の実質伸び率（前年同期比）は 0％近傍となり，コロナで生産・物流が混乱した 22 年 10～12 月期のマイナス 10％からは改善したものの，依然低い。先行きは楽観できない。

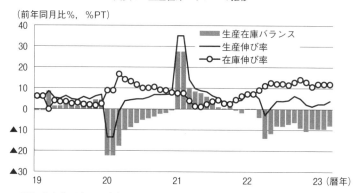

図表6　生産在庫バランスの推移

（注）生産伸び率は工業付加価値額実質伸び率，在庫伸び率は PPI を用いて推計
　　　した実質値。生産在庫バランス＝生産伸び率－在庫伸び率。1月，2月の値は
　　　1〜2月の累計値。
（出所）中国国家統計局，CEIC Data

　在庫調整が年前半を中心に成長率の押し下げ要因になる可能性も高い。生産
を抑えても在庫の高い伸びが続くほど，在庫調整圧力が高まっているためであ
る（図表6）。

2.3　V字回復を妨げる要因② 〜住宅過剰供給の下での若年層を中心とする
　　　　人口の減少

　第2に，不動産市況の力強い回復も期待しにくい。住宅の過剰供給が深刻化
しているためである。完成在庫だけでなく仕掛在庫も含めた住宅在庫面積の対
販売面積比率は 2022 年時点で 4.4 倍と，過去最高水準にまで高まっている（図
表7）。空き家率も高めである。中国の不動産調査を手掛ける貝殻研究院が
2022 年8月に発表した調査では，主要 28 都市の空き家率は平均で 12.1％に達
しているとされている。日本の 13.6％よりは低いが，米国（11.1％），オース
トラリア（9.8％）などよりも高い。

　一方，住宅需要は今後中長期的にみて減退していく可能性が高い。住宅購入
中心世代である 25〜34 歳の人口が今後急速に減っていくからである。国連が
2022 年に発表した中位人口推計によると，同世代の人口は 22 年の2億 749 万
人から 32 年には1億 5860 万人へと，年平均 2.7％のペースで減少していくと

図表 7　中国の住宅在庫面積の対販売面積比率の推移

(注)　仕掛在庫面積＝施工面積－竣工面積－予約販売面積。
(出所)　中国国家統計局，CEIC Data

されている。また，Rogoff & Yang（2023）は，人口減少の影響により，GDP
の約6割を占める3級都市を中心に住宅需要が22〜35年の間に年平均で3%
減少すると予測している（面積ベース）。

　デベロッパーのデフォルトリスクも燻っており，住宅購入者が安心して住宅
を購入できる状態には至っていない。IMF（2022）は，不動産販売が大きく落
ち込む前の2021年の時点でEBIT（利払い・税引き前利益）で純支払利息を
賄えないデベロッパーの資産はデベロッパー総資産の25%にも達していると
推計している。その後，22年に中国の上場デベロッパーのROA（総資産利益
率）がマイナス0.3%にまで落ちるなど，デベロッパーの資金繰りは一段と厳
しいものになっていると推察される。

2.4　Ｖ字回復を妨げる要因③ 〜「リベンジ消費」への過度な期待は尚早

　第3に，新型コロナウイルスの感染拡大がピークアウトしたことで「リベン
ジ消費」への期待が高まっているが，強い政策的な手助けなくして，大規模な
リベンジ消費が速やかに顕現するとは考えにくい。

　リベンジ消費に高い期待を持つ論者は，2022年の個人預金の新規増加額が
21年対比7兆9000億元（22年のGDP対比6.6%）増えたことを論拠とする。
しかし，この中には，消費手控えによる預金増以外に，株価下落や理財商品の
値下がりを受けた投資資産の現金化，住宅購入の手控えによる預金増も含まれ

ており，それらをすべてリベンジ消費の原資とみなすのは過大評価である。コロナ前の平均消費性向のトレンドを延長した線からの乖離幅を消費手控えによる超過貯蓄額とみなすと，その規模は22年単年で1兆5000億元，20〜22年合計でも3兆7000億元（22年のGDP対比3.1%）にとどまる（図表8）。

　しかも，雇用・所得の回復には遅行性がある。それだけに，大規模かつ速やかなリベンジ消費が起きるには，過去最低水準に落ちた消費者マインドが速やかに回復する必要があるが，現実は厳しい。中国人民銀行が都市部世帯を対象に行ったアンケート調査では2023年1〜3月期時点でまだ58%もの回答者が「より多く預金することが妥当な時期だ」と回答している（過去最高値は22年10〜12月期の61.8%）。とりわけ耐久消費財の購入意欲は弱く，23年1〜3月期の乗用車販売台数は前年同期比7.2%減と振るわなかった。4〜5月は前年同期比49%増となるも，前年の落ち込みによるところが大きい。また，仮にマインドが改善しても，新型コロナによる廃業や従業員の転職が起こったため，供給制約に直面しやすい。例えば，文化観光省の統計によると，星付きホテルの数は2019年末の1万130軒から22年末には36.2%減の6465軒にまで落ち込んでいる。

図表8　平均消費性向の変化と超過貯蓄額の推計

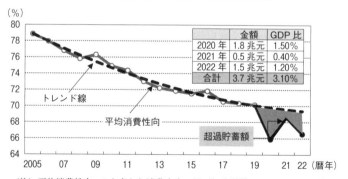

（注）平均消費性向＝1人当たり消費支出÷同可処分所得×100。トレンド線は2005〜19年のトレンドを延長したもの。GDP比は22年のGDPに対する比率。

（出所）中国国家統計局，CEIC Data

2.5　景気刺激策の強化で景気回復を狙う中国政府〜よく見えぬ具体的な措置

中国政府は 2023 年 3 月の全人代で同年の成長率目標を 5.0％前後に据えた。地方政府の成長率目標の最頻値が 6.0％前後であったのに比べると，低めだが，それは習近平指導部の厳しい情勢認識の表れであろう。国内に目を向ければ需要縮小，供給ショック，期待悪化の「三重苦」，国外を見れば米中対立の先行き不透明感といった不安材料があるというのが習指導部の認識である。そうした強い危機感があるがゆえに，23 年も「安定を最優先にし，安定の中で進歩を求める」との方針が掲げられたのだろう。

一方で社会の安定を保つためには，雇用や所得を生み出せるだけの成長が必要である。中国政府がとりわけ重視しているのは，大学新卒者の就職問題であるが，2023 年 5 月現在 16〜24 歳の都市部調査失業率は 20.8％に達している。そうした中，2023 年には大学新卒者が前年比 7.6％も増えることになる（1158 万人）。それらの人々のために一定の雇用を創出するために最低限必要な成長率として「5.0％前後」が目標に据えられたものと推察される。

ただし，上述のとおり中国経済は自律的な回復力を欠く状態にある。それゆえ，中国政府も一定の強度を持った景気刺激策を続ける方針を掲げている。2022 年 12 月の中央経済工作会議や 23 年 3 月の全人代などで示された 23 年のマクロ経済運営の方針は次のとおりである。

第 1 に「積極的財政政策の強化」である。中国政府は一般公共予算ベースの財政赤字（日本の一般会計に類似）の対 GDP 比率を 2022 年の 2.8％から 2023 年には 3.0％に拡大する方針である。しかし，この指標は実際の財政政策の強度を示すには不十分である。政府性基金収支，国有資本形成収支，社会保険基本収支を加え，予算安定調節基金から一般公共予算への繰入金等を除いた「広義財政赤字」の対 GDP 比をみると，2023 年は予算ベースで 6.5％となっている。2022 年の実績値から 0.1％ポイント増える計算となる。コロナ前の水準と比べると規模は大きいが，2020 年の 8.6％と比べると抑制はされている。財政の持続可能性にも配慮せざるを得ないからである。

財政赤字をコントロールしつつも経済浮揚効果を高めるために，中国政府は地方政府特別債を建設プロジェクトの資本金に充当したり，融資の財源として使用したりすることを通じて，レバレッジを効かせる可能性が高いと考えられ

る。コロナで財務の傷んだ企業救済のために税・行政手数料面での優遇も行われている。

　第2に「穏健的金融政策の強化」である。インフレやバブルを引き起こすような大規模な金融緩和は回避するものの，金融政策の程度を2022年より小さくせず，必要ならば強化するというのが23年の金融政策の基本的な方向性であり，企業の資金調達コスト，消費者，マイホーム購入者の借入コストを引き下げることが意識されている。

　第3に，財政政策，金融政策ともに効果や精度の向上を図ることが強調されている。すなわち，中央経済工作会議等で示された2023年の重要施策（図表9）の実現により資する財政・金融政策を立案・実施するということである。

図表9　中央経済工作会議等で示された2023年の重要施策

① 内需拡大強化
・消費回復・拡大を最優先（住宅，新エネ車，介護等）
・政府の投資，政策による投資活性化
・国家発展計画上の重要プロジェクトに対する政策金融面での支援強化
・国家重大プロジェクト，脆弱性補完プロジェクトへの民間資本の参加・投資奨励
・輸出による経済下支えの継続，先進技術・重要設備・エネルギー等の輸入の積極的拡大
② 現代的産業システムの建設加速
・チョークポイント克服，エネルギー安保，食糧安保の強化
・新エネ，AI，バイオ，グリーン・低炭素，量子の開発・普及
・プラットフォーム企業の技量発揮支援
③「2つの決して揺るがせず」（公有制経済の堅固化・発展，非公有制経済に対する奨励・支援・誘導）のしっかりとした実施
・国有企業改革深化，国有企業の核心的競争力向上。市場経済メカニズムに基づく企業運営
・制度・法律両面での国有企業と民営企業の平等な待遇付与をしっかりと履行
・民営経済・企業の発展・拡大支援，法に基づく民営企業の財産権・企業家の権益保護
④ 外資誘致・利用のさらなる強化
・ハイレベルの対外開放，貿易投資協力の質・レベルの向上
・市場アクセスの拡大，現代サービス業での開放拡大
・外資への内国民待遇付与，政府調達・入札・基準制定への外資の平等参加保証
・CPTPP（環太平洋パートナーシップに関する包括的及び先進的な協定），DEPA（デジタル経済パートナーシップ協定）等への加入の積極推進と主体的な国内改革の深化
・外資のシンボル的なプロジェクトの建設推進
⑤ 重大な経済・金融リスクの効果的な防止・解消
・不動産市場の安定・発展の確保
・金融リスク，地方政府債務リスクの防止・解消
・党・中央による金融工作の集中的・統一的指導の強化

（出所）「中央経済工作会議挙行　習近平李克強李強作重要讲话」『中国政府网』2022年12月16日等

とりわけ重視されているのが内需拡大，なかでも消費の回復・拡大である。輸出拡大が容易ではないうえ，投資依存型成長の是正を図る必要があるからであろう。住宅，電気自動車などの新エネルギー車，介護サービスなどの消費回復・拡大が明示され，重視されている。投資に関しては，第14次5カ年計画に記載されている重要プロジェクトの他，米中ハイテク競争を背景とした経済安全保障上の懸念から，エネルギー，食糧，新エネ，AI（人工知能），バイオ，グリーン・低炭素，量子などの領域への金融・財政的支援が強化されていく見込みである。また，不動産市場の安定・発展を確保するための金融的支援が重視されていることは上記のとおりである。

2023年6月末現在，景気下支えで目立つのは，インフラ投資である。電気・ガス・水道業も加えると，23年1〜5月の前年同期比伸び率は11.1％と高い。また，工業向け中長期融資残高の伸びも2023年3月末時点で前年同期比31.7％もの高率に達している。一方で，即効性がある大規模な個人消費拡大策はまだ出ていない。自律的な回復力の強さを見極めながら，政府は景気対策を強めていき，5.0％前後の成長に経済を導いていくと予想する。

3. 持続的成長への道筋つけられるか
〜カギを握る経済政策運営に対する信任回復

3.1 景気刺激策に依存した成長の継続は一段と困難に

ただし，景気刺激策への依存を強める形で成長率目標を達成したとしても，需要を先食いするだけであり，その後に成長が鈍化しかねない。インフラ投資の乗数効果もすでに落ちている（Nguyen, Anh et al.(2023)）。不動産刺激策も行き過ぎれば，供給過剰問題を一段と深刻化させかねない。それだけに，いかに経済運営に対する企業や消費者の信任を高め，イノベーションを軸とした発展につなげていけるかが持続的な成長のカギを握る。中国の非金融部門債務残高の対GDP比は2022年末現在273.2％と，過去最高を更新しており（図表10），国際的にみてもすでに高い水準にある。経常黒字国であることから国内の余剰資金を使って国債を増発することはまだ可能ではあるが，人口減少に伴う貯蓄率の低下や社会保障負担の増大を考えれば，景気刺激策への依存度を減

図表10　中国の非金融部門債務残高対 GDP 比率

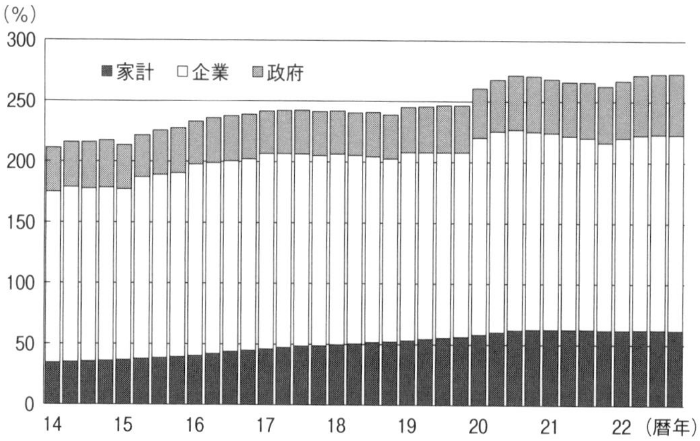

（出所）国家資産負債表研究中心，CEIC Data

らし，経済主体の積極性を引き出して生産性を高めていかなければならない。

3.2　経済運営に対する信任回復を中国政府も意識

　中国政府も経済運営に対する企業や消費者の信任を高めることの重要性は意識している。2022 年 12 月の中央経済工作会議のコミュニケに「市場のコンフィデンス改善に大いに注力」という文言が盛り込まれたことがその端的な表れである。第 20 回党大会後，中国内外で今後の経済運営をめぐって様々な懸念の声が挙がったことが中国指導部の念頭にあるのだろう。

　2023 年の経済工作において「5 つの堅持」が掲げられたことも経済運営に対する信任回復の必要性を指導部が感じていることの表れであろう。「5 つの堅持」とは，①「発展を党の執政興国の第一任務とすることを堅持」，②「安定の中で進歩を求めるという任務の全体基調を堅持，実事求是（「実際に即して正確な方法を見出す」との意，鄧小平氏の改革開放路線を象徴する言葉）［中略］を堅持」，③「社会主義基本経済制度の堅持と改善の堅持，社会主義市場経済の改革の方向性の堅持，『二つの決して揺るがせず（公有制経済の堅固化・発展を揺るがせず，非公有制経済の発展の奨励・支援・誘導を揺るがせず）』の堅持」，④「高レベルの対外開放の堅持」，⑤「法治の軌道上での経済発展

の推進の堅持」──を指す。

3.3 「新たな改革の全面的深化に関する計画」が企業・消費者の信任を得られるか？

　焦点となるのは、「5つの堅持」が制度・政策として具現され、予見性が高い形で履行されていくかどうかである。とりわけ第20回党大会の活動報告で一段と高い位置づけが与えられた「国家安全」との兼ね合いで、どのような領域で改革開放が進み、どのような領域で改革開放が進まないのかがカギとなる。

　第19回党大会で党規約に記載された「習近平新時代の中国の特色ある社会主義思想」では、改革推進の目的は「わが国社会主義制度の自己改善と発展」であり、「その最たる核心は、党の指導の堅持と改善、中国の特色ある社会主義制度の堅持と改善」であるとされている。要は「総体国家安全観」の筆頭に据えられている「政治安全」の確保が改革開放の究極的な目的だということである。その上で「中国の特色ある社会主義思想」は「改革開放を実施しなければ死の道となるが、社会主義の方向性を否定する『改革開放』も死の道になる」と記し、改革開放を良いものと悪いものに区別している（中共中央宣伝部編著2019）。ただし、その具体的な判断基準は未詳である。

　2023年は「新たな改革の全面的深化に関する計画」が検討されることになっている。同年秋に開催される予定の中国共産党中央委員会第3回全体会議（3中全会）で同計画が発表される可能性もある。「社会主義の方向性を否定する改革開放」とは何なのか。3期目を迎えた習近平政権がどこに線を引くのか。それが中国経済の先行きに対する企業や消費者の信任、ひいては中国経済の自立的回復力の強弱や成長の持続性に影響を与えることになるだろう。

　また、企業や消費者が安心して経済活動を行うためには、外交・通商関係を安定させる必要がある。経済統計を含めた情報の透明性向上も先行きに対する予見性を高めるうえで極めて重要な意味を持つ。法治強化、財産権保護をさらに徹底することも肝要である。アリババ集団などプラットフォーマーの一部に対しては、政府系ファンドや国有企業による出資も進められており、それが民営企業の投資意欲に影響を与える可能性があるとの声も挙がっている。

　2023 年の実質 GDP 成長率が 5.0％になったとしても，パンデミックが起こった 20 年から 23 年までの年平均成長率は 4.6％にとどまる。16～19 年の同 6.6％からは大きく下落している。習指導部は 35 年までに GDP を 20 年対比倍増させることを意識している。それを実現するには，15 年間で年平均 4.7％の成長が必要であるが，これまでの実績をみる限り，その達成は容易ではなさそうだ。このまま成長率が速いペースで落ちていくのか，それとも踏みとどまれるのか。

　かねてより指摘されてきた構造問題の具体的な解決手順も十分には示されていない。IMF などは，個人消費主導の経済発展に変えていくことが中国の持続的発展にとって重要であり，そのためには社会保障を整備し，安心して消費できる体制を整備することが肝要だと指摘してきた。しかし，そのためには新たな財源が必要である。上述のとおり，人口減少による不動産市場の先細りが予想されるなか，土地使用権の譲渡収入に依存した財政構造の維持がますます難しくなっていくことが必至だからである。代替策として検討されてきたのは，固定資産税に相当する不動産税の本格的導入である。しかし，住宅の過剰供給下で実施すれば，住宅価格の急落を招き，金融・社会を不安定化させる恐れがあるため，現在は一時凍結状態にある。こうした経済・財政構造が抱える矛盾を安定を保ちつつ解消し，持続的成長に中国を導けるか。それを占う上で第 3 期習政権が本格始動する 2023 年は重要な意味を持つことになるだろう。

［参考文献］

IMF（2022）*Global Financial Stability Report*, October 2022

Nguyen, Anh et al.（2023）. "Short-term Fiscal Multipliers in China," IMF. *People's Republic of China Selected Issues*

Rogoff, Kenneth, and Yuanchen Yang（2023）"A Tale of Tier 3 Cities"

易居研究院智庫中心（2022）「2022 年全国烂尾楼研究报告」2022 年 8 月 5 日

中共中央宣传部编著（2019）『习近平新时代中国特色社会主义思想学习纲要』学习出版社，人民出版社

「最新住宅空置率报告出炉，最高城市竟是它？是你想象不到的城市！」『网易』2022 年 8 月 10 日

〈BOX：GDP 規模，中国は米国を逆転できない？〉

　日本経済研究センターは 2022 年 12 月，「アジア経済中期予測（2022 年〜35 年）」を発表した。その中で中国と米国の名目国内総生産（GDP）を試算したところ，「中国の GDP は 35 年までに米国を追い抜くことはない」との結果となった。21 年の前回予測では中国は 33 年には米国を上回るとみていたが，3 期目に入った習近平政権による様々な規制強化の影響などから中国の成長スピードが鈍り，米中逆転は難しいと判断した。

米国と中国の名目 GDP（ドルベース）の推移予想

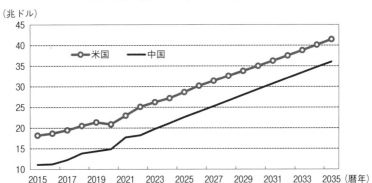

　中国の長期的な成長鈍化の主な要因は，① 習近平政権による大手 IT 企業への締め付けなど経済発展の阻害，② 半導体の先端技術規制など米国によるデカップリング（分断）政策──の 2 点だ。また，人民元の対ドル為替レートも前回予測より 8％ほど元安の方向に振れるとみている。

　これらの要因をもとに予測した標準シナリオでは，2030 年代の実質成長率は 3％を割り込む。35 年は 2.2％にまで鈍り，米国の 1.8％とほぼ並ぶ。これは前回予測より 0.8 ポイントも低い水準で，名目 GDP でみた経済規模は 35 年時点でも米国の 87％にとどまる見通しだ。リスクシナリオとしては，習政権の 4 期目も続投することで一段と規制が強化されたり，台湾有事危機により貿易が衰退したりすることなどを見込み，30 年代には成長率が 1％台に低下するとしている。

　習政権は 2035 年をめどに 1 人当たり名目 GDP を「中程度の先進国並み」に

引き上げることを目標としている。これは同3万ドル前後のイタリアやスペインが念頭にあるとみられるが，今回の予測では35年時点でも中国は2万5745ドルにとどまり，目標達成は難しい。

　2036年以降についても中国が米国を追い抜くことはないとみている。長期的には両国間で労働力の差が大きくなる。中国の人口は22年に減少に転じており，今後，人口減が経済発展の足かせになっていく。一方，米国は中南米などからの移民を受け入れるため，人口は増加し続け，就業率の向上が経済成長を押し上げる見通しだ。

（湯浅健司）

第3章

第3期習近平政権発足の政治分析
——権力基盤の維持強化と不安定要素

防衛大学校人文社会科学群国際関係学科教授

佐々木智弘

◉ポイント

▶第20回党大会での党指導部人事では，中央政治局委員24人のうち19人を習近平人脈が占め，常務委員7人は習人脈の独占となり，習氏の権力基盤はさらに盤石なものとなった。他方，次期党大会に向け，習人脈内の出世競争が激しくなり，政権運営の不安定要素になることが予想される。

▶新政権は「中国式現代化」を掲げ，党の指導の強化を目指す。習氏は，首相に李強氏を抜擢，また党中央部門の掌握，「総書記直属機構」の強化を通じ，あらゆる分野の政策決定の主導権を掌握した。

▶一部の主要都市でゼロコロナ政策に耐えかねた市民の抗議行動が発生した。「習近平退陣」のスローガンが掲げられたこともあり，新政権は即座にゼロコロナ政策を転換させた。新政権は順調な滑り出しに見えたが，社会との関係の再構築という喫緊の課題に，統制のさらなる強化が進むだろう。

◉注目データ ☞　習近平人脈で占められた党中央指導部

序列		年齢	兼務職	習氏との関係
1	習近平	69	総書記／中央軍事委員会主席／国家主席	本人
2	李強	62	首相	直属の部下
3	趙楽際	65	全国人民代表大会常務委員会委員長	第1期・第2期で大きく貢献
4	王滬寧	67	中国人民政治協商会議全国委員会主席	第1期・第2期で大きく貢献
5	蔡奇	66	中央書記処（筆頭）書記／中央弁公庁主任	直属の部下
6	丁薛祥	60	筆頭副首相	直属の部下
7	李希	66	中央規律検査委員会書記	家族ぐるみの関係

1. 3期目に入った習近平政権の人事分析

　習近平総書記（国家主席）は，自らの権力をどのように行使するのか。その基盤を形成している要因は何か。習氏は，自らの権力を行使する方法を第1期政権で制度的に整備し，第2期政権で基盤を形成した。習氏は，第20回党大会で第3期政権でもその方法を維持し確固としたものとするために，基盤を維持，強化することに成功した。

　中国政治における政治指導者の権力基盤の強弱を判断する基準として注目するのは，中国共産党指導部，すなわち中央政治局委員と同常務委員会委員（以下，常務委員）の構成である。総書記はトップリーダーであり，その権力基盤を中央政治局の多数派に求めた。総書記が政策決定の主導権を握ることを想定しているからである[1]。そのため，第20回党大会後の党指導部人事を分析する際は，第20期の中央政治局委員と常務委員の構成に注目する。

　常務委員7人を含めた中央政治局委員24人中，19人が広義の習近平人脈といえる。「習近平人脈」とは，習氏の地方トップの時の直属の部下や第1期・

図表1　中央政治局委員に占める主要人脈の人数

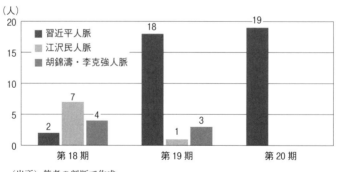

（出所）筆者の判断で作成

1　例えば，2006年にマクロ経済政策をめぐり，胡錦濤総書記・温家宝首相と陳良宇中央政治局委員兼上海市党委員会書記が対立し，陳氏は汚職の罪で職務を解任された（佐々木智弘「前途多難な胡錦濤の政権運営―誤算の人事と「科学的発展観」の限界」大西康雄編『中国　調和社会への模索―胡錦濤政権二期目の課題』日本貿易振興機構アジア経済研究所，2008年，34頁）。

第2期政権で習氏の信頼を得た人の総称である[2]。19人という第2期政権同様に中央政治局委員の絶対多数を占めることから，習氏の権力基盤の安定の強化が図られ，引き続きスムーズな政策決定が可能になると思われる（図表1）。

1.1　慣例を破った習近平氏の総書記3期目続投

　党指導部の任期は1期5年である。習近平氏は2012年11月に総書記に就任し，2期10年務め，2022年10月の第20回党大会で3期目続投が決まった。このことが中国国外で「異例」と言われたのは，過去の総書記の江沢民氏と胡錦濤氏は3期目続投がならなかったからである[3]。

　さらに党内には，党大会時に68歳以上になると中央政治局委員には選ばれない（中国語：七上八下）慣例，内規があると言われている。69歳の習氏が続投したことは，習氏が慣例を破ることを可能にする権力を有していたことの証左といえる。

　習氏の3期目続投に対しては，長老の中や党内の反対があったと見られる。例えば，江氏や胡氏，さらには朱鎔基元首相の反対などが伝えられている[4]。しかし，それらが抵抗勢力として組織化されるには，習氏に対抗できる有力者が不可欠である。2007年の第17回党大会で，自らの後継に李克強氏を推した胡氏に反対する江人脈や太子党（二世政治家），軍などを組織化し，対抗馬として習氏を推したのは，当時の常務委員で江人脈の曾慶紅氏だった[5]。しかし，第20回党大会を前にそのような有力者は見当たらなかった。

2　本稿の人脈の区分はすべて筆者の判断による。筆者は，日本の自民党の派閥のように，習近平氏の部下らが一致して行動するグループを形成していることを観察できていないし，おそらくそのようなグループは存在しないと考えている。そのため，「習近平派」という表現は使わずに，「習近平人脈」としている。

3　江沢民氏は1989年6月の天安門事件で趙紫陽総書記が失脚したことに伴う変則的な就任で，その後1992年から2002年までの2期を務めた。胡錦濤氏も2002年から12年までの2期を務めた。

4　例えば『読売新聞』2022年3月18日。

5　佐々木「前途多難な胡錦濤の政権運営」，22-25頁。

1.2 常務委員7人を習近平人脈が独占

第19期の常務委員には，習近平氏と総書記の座を争った李克強氏がいたことで，習人脈と非習人脈は6対1だったが，第20期では習人脈が独占した。

第20期の常務委員は図表2のとおりである。留任したのは，習氏，趙楽際氏，王滬寧氏の3人である。序列3位の趙氏は，第2期政権で党員の汚職を取り締まる部署のトップである中央規律検査委員会書記を兼務し，党指導者の汚職情報を掌握していることからも習氏の信頼が厚く，2023年3月には国会議長にあたる全国人民代表大会常務委員会委員長に就いた。序列4位の王氏は，習氏の政治的権威を高めるための「習近平の新時代の中国の特色ある社会主義思想」といった理論構築を行ってきた。習氏にとっては頼りになる参謀である。2023年3月には統一戦線機構の中国人民政治協商会議全国委員会主席に就いた。

新任4人のうち3人は，第19期の中央政治局委員であり，習氏が地方のトップだった時の直属の部下である（図表3）。序列2位の李強氏は，習氏が浙江省党委員会書記（以下，書記）の時に温州市書記，秘書長を務め，その後江蘇省書記，上海市書記を歴任した。2023年3月に国務院総理（以下，首相）に就任した。序列5位の蔡奇氏も，習氏が浙江省書記の時に衢州市と台州市の

図表2 第19・20期中央政治局常務委員一覧

序列	第19期		第20期			
				年齢	兼務職	
1	習近平	◎	習近平	◎	69	総書記／中央軍事委員会主席／国家主席
2	李克強		李強	◎	63	国務院総理（首相）
3	栗戦書	○	趙楽際	◎	65	全国人民代表大会常務委員会委員長
4	汪洋	○	王滬寧	○	66	中国人民政治協商会議全国委員会主席
5	王滬寧	○	蔡奇	◎	66	中央書記処（筆頭）書記／中央弁公庁主任
6	趙楽際	○	丁薛祥	◎	59	国務院（筆頭）副総理（副首相）
7	韓正	○	李希	◎	65	中央規律検査委員会書記

(注) 年齢は2022年7月時点
　　習近平人脈：◎本人，習氏の直属の部下，または習氏と家族ぐるみの関係あり／○第1期・第2期での貢献が大きかった
(出所) 筆者作成

図表3　習近平と直属の部下との関係性

習近平の地方トップ時のポスト		福建省副書記（1996.5-） 福建省長（1999.8-2002.11）	浙江省書記 (2002.11-2007.3)	上海市書記 (2007.3-2007.11)
常務委員	李強		温州市書記（2002.4-） 省党委秘書長（2004.11-）	
	蔡奇	三明市副書記・市長 (1996-1999)	衢州市書記（2002.3-） 台州市書記（2004.4-）	
	丁薛祥			市党委秘書長（2007.5-）
委員	陳敏爾		省党委宣伝部部長 (2001.12-)	
	黄坤明	龍岩市長 (1998.2-1999.8)	湖州市長（2000.1-） 嘉興市書記（2003.2-）	

（注）党委は党委員会の略
（出所）筆者作成

書記を歴任し，その後北京市書記を務めた。第3期政権では党中央の日常業務を取り仕切る中央書記処の筆頭書記と習氏の秘書役にあたる中央弁公庁主任を兼務する。序列6位の丁薛祥氏は，習氏が上海市書記の時，秘書長を務めた。その後，中央弁公庁主任を歴任し，2023年3月に国務院筆頭副総理（以下，副首相）に就任した。序列7位の李希氏は遼寧省書記，広東省書記を務めた。習氏の父の習仲勲氏が，甘粛省書記だった李氏の父の李子希氏の秘書を務めたという家族ぐるみの関係がある。遼寧省と広東省の書記を歴任し，第3期政権では中央規律検査委員会書記を兼務する。

1.3　中央政治局は習近平人脈で圧倒

　中央政治局委員24人のうち，習近平人脈が19人を占めた（図表4）。常務委員7人を除く17人のうちでは，留任したのが李鴻忠氏，張又侠氏，陳敏爾氏，黄坤明氏の4人である。4人とも習人脈である。このうち，陳氏は，習氏が浙江省書記の時に宣伝部部長を務めた。黄氏は，習氏が福建省副書記の時に龍岩市長を，浙江省書記の時に湖州市長と嘉興市書記を務めた。張氏とは，第二次国共内戦期に彼の父の張宗遜氏が習仲勲氏の同僚だったという家族ぐるみの関係がある。また李氏は第1期政権で習氏への忠誠を積極的に表明し信頼を

図表 4　第 20 期中央政治局委員（常務委員を除く）

	年齢	兼務職	習氏との関係
馬興瑞	63	新疆ウイグル自治区党委員会書記	
王毅	69	中央外事工作委員会弁公室主任	○
尹力	60	北京市党委員会書記	
石泰峰	66	中央書記処書記／中央統一戦線工作部部長	○（李強人脈）
劉国中	60	国務院副総理（副首相）	
李幹傑	58	中央書記処書記／中央組織部部長	
李書磊	58	中央書記処書記／中央宣伝部部長	○
李鴻忠	66	全国人民代表大会常務委員会副委員長	○
何衛東	65	中央軍事委員会副主席	
何立峰	67	副首相／中央財経委員会弁公室主任	◎
張又俠	72	中央軍事委員会副主席	◎
張国清	58	副首相	○（李鴻忠人脈）
陳文清	62	中央書記処書記／中央政法委員会書記	○
陳吉寧	58	上海市党委員会書記	○（蔡奇人脈）
陳敏爾	62	天津市党委員会書記	◎
袁家軍	60	重慶市党委員会書記	○（李強人脈）
黄坤明	66	広東省党委員会書記	◎

（注）年齢は 2022 年 7 月時点
　　　◎図表 2 に同じ，○第 1 期・第 2 期での貢献が大きかった，もしくは習
　　　人脈該当者の人脈
（出所）筆者作成

得たと見られる。

　新任 10 人のうち，習人脈は，王毅氏，李書磊氏，何立峰氏，陳文清氏の 4
人である。このうち，李氏は習氏のスピーチライターと見られ，何氏は習氏の
福建省アモイ市副市長時の同僚であり，陳氏は諜報分野での働きが信頼を得た
ものと思われる。さらに，石泰峰氏と袁家軍氏は李強氏と，陳吉寧氏は蔡奇氏
と，張国清氏は李鴻忠氏とそれぞれ関係が深いと見られ，広義の習人脈といえ
る。

1.4 慣例破りが意味すること―見通せない「ポスト習」

2022年3月24日の中央政治局常務委員会会議で採択された「次期中央指導機構の人選の事前調整工作における面談，調査研究の段取りに関するプラン」には，「面談，調査研究と人選の事前調整する指名工作は習近平総書記の直接指導の下で進める」[6]とあり，第20期の中央政治局委員，常務委員の人選は習氏の手中にあった。そして人選過程で習氏は「党と国家の指導職務は『鉄のイス』ではなく，年齢が符合していても決して当然引き続き指名されるものではない」[7]と述べ，67歳以下でも留任しないという慣例破りを実行した。これにより，67歳の李克強氏と66歳の汪洋氏，59歳の胡春華氏が留任しなかった。

李氏は，2007年の第17回党大会で，胡錦濤氏の後継をめぐり習氏と争った明らかな非習人脈である。汪氏は第1期政権で習氏に忠誠を誓い信頼を得た習人脈である[8]。しかし習氏にとって，この両者は趙楽際氏や王滬寧氏と異なり，第3期政権の安定，強化にとって必要ではなかったということだろう。

胡春華氏は，59歳という若さで，第2期政権でも副首相として多くの実績を残してきたが，中央政治局委員に留任しなかった。万が一，党指導部内で「反習近平」の動きが組織化される場合，李克強人脈の胡氏がそのシンボルとして担がれる可能性がある。習氏はそうした事態を未然に防ぐために，胡氏を留任させなかったのではないかと推測する[9]。

李強氏が首相就任含みの序列2位で抜擢されたことも慣例破りである。李氏は上海市書記として，2022年4月から上海市での新型コロナウイルスの感染者急増に対応しロックダウン（都市封鎖）を行った。この措置に対し，少なく

6　新華社記者「領航新時代新征程新輝煌的堅強領導集体―党的新一届中央領導機構産生紀実」『人民日報』2022年10月25日。

7　同上。

8　汪洋氏は，胡錦濤氏が中国共産主義青年団（共青団）中央第一書記在職時の部下ではなく，共青団の地方のトップを歴任しただけであるため，共青団派，胡錦濤人脈と位置づけられない。

9　胡錦濤氏が党大会閉幕式で途中退出したことについて，中国国外のメディアやネット上には，習氏が李克強氏や胡春華氏を留任させなかったことへの不満の表明との見方を示すもの（『日本経済新聞』2022年10月24日，『産経新聞』同月28日）や，不満を募らせた胡錦濤氏を排除したのではとの見方を紹介するもの（『毎日新聞』2022年10月24日）もある。しかし，どの見方も憶測の域を出ない。新華社が後にツイッターで，体調不良で退出したと説明したことは，そうした報道を否定するためと見られる。

ない市民がSNS（交流サイト）上で不満を表明したことは，事実上の李氏批判だった。そのため，中国国外のメディアには常務委員入りを危ぶむ憶測報道も見られた[10]。しかし，党指導部人事は「世論」に左右されるものではなく，自らの権力基盤の安定を最優先する時の最高指導者の一存で決まるものである。李氏は習氏の浙江省書記時の秘書長を長年務めており，習氏の最も信頼を得ている人物であることから，李氏が序列2位に抜擢されたことは，異例とは言えない。

　異例だったのは，李氏の首相への抜擢である。過去の首相である朱鎔基氏，温家宝氏，李克強氏は，約5年の副首相職を経てきた。それは，中国全体，とりわけマクロ経済の状況を理解する上で必要な時間だった。そのため李氏が副首相を経ずに首相となることは慣例破りといえる。

　こうした数々の慣例破りは，他の慣例の形骸化の可能性も意味しており，第20回党大会での最高指導部人事から2027年に予定されている次期党大会での総書記人事を予測することを難しくする。確かに，習氏の権力基盤の盤石さからは，習氏の4期目続投の可能性は高いと推測される。他方，胡錦濤氏と習氏は，5年間常務委員を務めた後に総書記に就任し，（江沢民氏も含め）2期10年以上務めているが，そうした慣例を破り，今後総書記の任期が1期5年になる，つまり63歳以上での総書記就任の可能性や，事前に常務委員1期を務めることなく総書記になる可能性もある。その場合，習氏が4期目続投をせず，李強氏や丁薛祥氏が次期総書記になることなど，様々な可能性を否定できない。そして，習氏がどのような目標を達成したら引退するのかといった引退の条件も見当がつかない。

2. 党主導の政権運営の強化

2.1 「中国式現代化」の提起

　第20回党大会初日の習近平報告は，第3期政権の施政方針演説であり注目された。権力基盤は盤石であるが，中国が低成長時代を迎え，さらに国際社会

10　例えば『朝日新聞』2022年10月13日。

での覇権を争う米国との対立が厳しくなる中，一党支配を維持することへの危機感が習報告には反映された。

　第3期政権が目標として掲げたのが「中国式現代化」である。中国式とは，非中国式，すなわち米国式や西側式ではないということを意味している。それは，米国や西側諸国が掲げる民主主義や自由，人権などの価値観，市場や競争を重視する資本主義システムを取り入れた現代化ではなく，「中国共産党が指導する社会主義現代化」ということである。

　中国は，米国や日本をはじめとする西側諸国を中国の大国化に対し強い警戒感を示し，中国包囲網を形成し，中国に民主化を促し，ひいては一党支配体制の崩壊を目論んでいるものと見なし対抗している。そのためこれまでも「中国の特色ある社会主義現代化」を掲げてきたが，「中国の特色」をさらに強調して「中国式現代化」としたといえる。

2.2　李強氏の首相就任

　中国式現代化では一党支配の維持，そして党の指導が重要であり，政権運営において習近平総書記が自らの権力を行使するために，党主導の強化が最重要課題である。党主導の強化で注目されるのは，首相に李強氏が就任したことである。

　中国の経済運営は，過去には序列上位の李鵬（2位），朱鎔基（3位），温家宝（2位）といった首相が担っていた。第1期政権でも発足当初は李克強首相に存在感があったが，2016年以降は第2期政権で副首相になる劉鶴氏が経済運営を取り仕切るようになった[11]。習氏が劉氏に経済運営を任せたのは，非習人脈である李克強氏が首相だったことによる異例の対応だったといえるだろう。習氏が直属の部下である序列2位の李強氏を首相に抜擢したことは，非習人脈から首相ポストを奪取し，第3期政権で初めて首相を通じた党主導という正常な形での経済運営を実現するためといえる[12]。

11　2016年5月9日付『人民日報』に掲載された「開局首季問大勢―権威人士談当前中国経済」と題する文章は，権威人士と称した劉鶴氏による李克強（李克強経済学「リコノミクス」）批判と見られている。これを境に李氏の影響力は低下していった。

2.3　党の中央部門の掌握

　習近平総書記は，自らの権力を行使するために，主要な党の中央部門（図表5）の掌握も必要だった。ここでいう主要な党の中央部門とは，（1）総書記の秘書的機関である中央弁公庁，（2）党・政府幹部の人事を主管する中央組織部，（3）メディアを主管する中央宣伝部，（4）台湾問題・香港マカオ・宗教・民族・党外人士・民営企業などを主管する中央統一戦線工作部，（5）政治や司法分野を主管する中央政法委員会の5部門である。

　第1〜2期政権では5部門のトップを習人脈，江沢民人脈，胡錦濤・李克強人脈とで分けたが，第3期政権ではほとんどに習人脈の中央政治局委員が抜擢された[13]。

　また，中央統一戦線工作部部長に中央政治局委員の石泰峰氏が就任したこともこれまでとは異なる点である。第1〜2期政権では中央政治局委員ではなかったことから，中央統一戦線工作部の重要度が高まったことを意味してい

図表5　主要な党中央部門のトップ

	第1期政権		第2期政権		第3期政権	
中央弁公庁主任	栗戦書	江	丁薛祥	◎	蔡奇	◎
中央組織部部長	趙楽際	○	陳希	◎	李幹傑	
中央宣伝部部長	劉奇葆	胡	黄坤明	◎	李書磊	○
中央統一戦線工作部部長	令計劃→孫春蘭	胡	尤権	李	石泰峰	○
中央政法委員会書記	孟建柱	江	郭声琨	江	陳文清	○

（注）江：江沢民人脈／胡：胡錦濤人脈／李：李克強人脈／◎，○図表2に同じ
（出所）筆者作成

12　副首相経験のない李強氏の首相としての手腕を不安視する見方は少なくない（例えば『朝日新聞』2023年3月12日，『産経新聞』2023年3月12日，14日など）。また筆者自身も不安視した（佐々木智弘「習近平新体制の政治分析─権力基盤の維持強化と不安定要素」日本経済研究センター編『成長の限界に挑む中国〜習近平・長期政権の課題』（2022年度中国研究報告書）2023年3月，40-41頁）。しかし，首相就任直後の2023年3月13日の内外記者会見では落ち着いたやりとりを見せ，同21〜22日の湖南省視察時の製造発展座談会でも中国経済の問題点を理解した内容の発言を行っており（「李強在湖南調研時強調　大力発展先進製造業　堅定不移築実体経済根基」『人民日報』2023年3月23日），首相としての風格を見せているように思われる。

13　李幹傑登用の背景は分からない。主要な高級幹部の人事任免権は事実上習氏が握っているため，必ずしも中央組織部部長が習人脈でなくてもいいと判断しているものと推測される。

る[14]。ウイグル族の強制収容所問題や，香港での民主化デモ，台湾当局の米国・西側の接近など中央統一戦線工作部が主管する問題が第2期政権において深刻になったことから，党指導部主導での対応を強化したものと思われる。

2.4　「総書記直属機構」の役割の重要性

　習近平総書記は，自らの権力を行使するために，第1期政権で制度的措置として，方針・政策の立案や関連する部門などの利害調整を職責とする党中央政策決定議事協調機構の掌握とその機能の強化を図った。既存の経済分野を統括する中央財経領導小組，外交分野の中央外事工作領導小組に加え，改革分野の中央全面深化改革（全面的に改革を深めるの意味）領導小組，国家安全分野の中央国家安全委員会，政治・司法分野の中央全面依法治国（全面的に法に基づき国を統治するの意味）領導小組を新設し，習氏自らがすべてでトップに就いた。そのため，これらを「総書記直属機構」と呼ぶこととにする（図表6）。第2期政権では「領導小組」は名称を「委員会」に変え，トップダウン機能を強化させた[15]。そして権力行使の基盤として党指導部を習人脈で固め「チーム

図表6　「総書記直属機構」の構成

分野	名称	主管部門	弁公室主任		
			第1期政権	第2期政権	第3期政権
改革	中央全面深化改革委員会	中央政策研究室	王滬寧	王滬寧	王滬寧
経済	中央財経委員会	国家発展改革委員会	劉鶴	劉鶴	何立峰
外交	中央外事工作委員会	外交部	楊潔篪	楊潔篪	王毅
国家治安	中央国家安全委員会	中央弁公庁	栗選書	丁薛祥	蔡奇
政治・司法	中央全面依法治国委員会	司法部	——	郭声琨	陳文清

（注）郭声琨は江沢民人脈
（出所）筆者作成

14　第1期政権発足時の部長は胡人脈である中央委員の令計劃氏だったが，汚職を理由に罷免された。後任が中央政治局委員の孫春蘭氏になったのは，中央統一戦線工作部の役割が重要になったからではなく，胡氏へのけん制だったと推測される。

15　Norihiro Sasaki, 'Functions and significance of the central leading group for comprehensively deepening reforms and the central comprehensively deepening reforms commission,' *Journal of Contemporary East Asia Studies*, Vol.11, 2022, pp.229–243. https://www.tandfonline.com/doi/full/10.1080/24761028.2023.2185394.

習近平」を形成した。

　総書記直属機構はそれぞれ関連分野の中央官庁のトップで構成されるが，会議自体は頻繁に開かれるわけではない。中央財経委員会は1年に2回，中央全面深化改革委員会は2カ月に1回のペースで会議が開かれているが，中央外事工作委員会は1回，中央全面依法治国委員会は2回，中央国家安全委員会は2回しか設置後の会議開催が伝えられていない。

　また，習氏はすべての総書記直属機構のトップに就いてはいるものの，すべての分野に精通しているわけではないだろう[16]。そのため，実質的には主管部門に置かれた事務局にあたる弁公室や，そのトップの弁公室主任が重要である。

　第2期政権では，政策の良し悪しの評価は別として，政策決定はスムーズに行われたといえる。経済分野では低成長や新型コロナの影響への対応など，外交分野では対米国政策やロシアのウクライナ侵攻への対応など，安全分野では社会の統制強化などをめぐって，中央政治局レベルで見解の相違がありそれが政局になるということはなかった。このことは，総書記直属機構による政策調整がうまく機能していたからだと考えられる。中央政治局委員である習人脈を弁公室主任に就けることで，習氏は政策決定の主導権を握り，自らの意向を政策に反映させ，関連部門の反対意見を抑え込むことに成功したといえる[17]。そして，第3期政権でも引き続き「総書記直属機構」を機能させるために，すべてに習人脈を登用した（図表6）。

　このうち注目は中央国家安全委員会である。序列5位の蔡奇を弁公室主任に就けたことは，国家安全に対する習氏の不安の反映といえる。2023年5月30

16　元中央党校教授で米国に亡命した蔡霞は，あらゆる事柄の決定に習氏が関与していると指摘している（蔡霞「習近平の本質—奢りとパラノイアの政治」『フォーリン・アフェアーズ・リポート』No.11，2022年，30-48頁）。

17　胡錦濤政権下では弁公室主任が中央委員クラスだったため，利害調整が不十分なまま議案が提出された中央政治局レベルの会議が，しばしば注1のような論争，対立の舞台となり，政策決定がスムーズに行われなかったものと推測される。なお，習近平政権下で新設され，習氏がトップに就いた党中央政策決定議事協調機構に，中央インターネット（網路）・情報化委員会と中央会計検査（審計）委員会もあるが，弁公室主任が中央委員レベルであるため，「総書記直属機構」からは除外した。

日の第1回会議は，一党支配の維持が国家安全の第一の目的であることを確認
し，ネット，データ，AIを駆使し，国家安全リスクモニタリング・早期警戒
システムの建設を加速化させることを指示した。

中央全面深化改革委員会も，2018年10月の中国共産党第18期中央委員会
第3回全体会議で決議された60あまりの改革を実現するために設置された習
氏肝いりの機構である。これらの改革は第2期政権途中でほぼ実施済みとなっ
たため，設置時の役割はすでに終わったと言える。その後の会議での審議・採
択事項を見ると，中央財経委員会との差別化が難しくなっている[18]。第3期政
権でのその役割は不透明である。

2.5　党・国家機構改革

2023年3月，党・国家機構改革プランが通達された[19]。第3期政権が取り組
む政策を実施するための制度的措置である。

党中央の機構改革として，中央金融委員会と中央科学技術委員会，中央社会
工作部が創設されたことが注目される。中央金融委員会と中央科学技術委員会
は，金融工作と科学技術工作に対する党中央の集中統一的指導を強化するため
に設置された党中央政策決定議事協調機構である。ただし両委員会が「総書記
直属機構」に含まれるかどうかは2023年7月4日時点で不明である。習氏が
トップに就くのか，弁公室主任に中央政治局委員が就くのかを見極めなければ
ならない。中央社会工作部については後述する。

国務院の機構改革で注目されるのは科学技術部の再編である。プランによれ
ば，科学技術部が新型挙国体制の健全化を推し進め，科学技術イノベーション
の全チェーンの管理を最適化し，科学技術成果の転化を促し，科学技術と経
済・社会発展の相互結合を促進するなど職能を強化するとある。他方，科学技
術部が従来有していた農村関連の職責は農業農村部に，社会発展関連の職責は
国家発展改革委員会と生態環境部，国家衛生健康委員会に，ハイテク関連の職
責は工業情報化部に，国外からの技術導入関連の職責は人力資源社会保障部に

18　Norihiro Sasaki, op. cit., pp. 240–241.

19　「中共中央国務院印発《党和国家機構改革方案》」『人民日報』2023年3月17日。

それぞれ編入された。

　こうした職責分散は，科学技術部を，2021年にスタートした第14次5カ年
規劃が新成長点として掲げる科学技術イノベーションと，2018年以降の米中
対立のエスカレートによる米国の対中デカップリングへの対応に集中させるた
めと考えられる。そして，中央科学技術委員会の設置目的は，分散した科学技
術工作を統一的に指導することにあるものと思われる。しかし，弁公室が職責
を限定された科学技術部に設置されたことから，弁公室主任に中央政治局委員
が抜擢されなければ，行政格付け上対等な部門間の議事協調がスムーズに進ま
ず，統一的な指導ができないのではないかという不安がある[20]。

3. 第3期習近平政権の不安定要素

3.1 習近平人脈内の権力闘争の深刻化

　党大会の終わりは，5年後の党指導部人事をめぐる競争のスタートでもある。
慣例破りがあったとしても，2027年に70歳を超える趙楽際氏，王滬寧氏，蔡
奇氏，李希氏の4人は次期党大会での常務委員留任はないと考えるのが自然で
ある。そのため，少なくともこの4枠を目指し，そしてより序列上位を目指し
党指導部内で熾烈な権力闘争が起こることは必至である。

　習近平人脈のうち，中央政治局委員の李書磊氏や張国清氏，陳文清氏，陳吉
寧氏，陳敏爾氏，袁家軍氏は常務委員入りを目指すだろう。また非習人脈の尹
力氏，劉国中氏，李幹傑氏も常務委員候補者である。しかし，常務委員入りを
目指す競争は第2政権期にも見られたはずであり，第3期政権だけの特別な
ことではない。

　第3期政権の政権運営にとって不安定要素となり得るのは，習人脈内での権
力闘争の深刻化である。習人脈，とりわけ習氏の直属の部下は，相互の関係は
よく分からないが，第1～2期政権では，習氏との関係で一体感を保ってきた。
しかし，第20回党大会で，習氏の直属の部下のうち常務委員に昇格したのは

20　科学技術工作の利害調整が難しいことは，佐々木智弘『現代中国の官僚組織行動─電気通信事
　　業改革の政治過程』法律文化社，2021年を参照。

李強氏と蔡奇氏，丁薛祥氏，李希氏であり，陳敏爾氏と黄坤明氏は中央政治局委員にとどまった。習氏の直属の部下の間に差が付いたことは明らかであり，第3期政権期に，より深刻な権力闘争に発展する可能性が高くなった。習氏にとっては，権力行使の基盤として最高指導部を習人脈で固めたことが，「チーム習近平」を強化するのではなく，「チーム習近平」のほころびになるとすれば，中央政治局レベルで政策をめぐる対立が発生し，それが政局になり，政権運営を不安定にする，といった皮肉な結果となるかもしれない。

3.2　ゼロコロナ政策への抗議行動の波紋

中国共産党が1949年10月の中華人民共和国成立から70年以上も政権を維持している要因に，国家（党・政府）による社会に対する強い統制がある一方で，国家が導く経済発展による果実を享受できる現状の維持をよしとする，広範な社会による国家への消極的な支持がある。とりわけ，習氏が4億人いるという中間所得層は，1990年代以降の高度経済成長の恩恵を大きく受けてきた中国共産党による一党支配の有力な支持層といえる。

2010年代に入り，経済成長の鈍化が常態化する低成長時代を迎えた。それにより経済的恩恵を享受できなくなれば，中間所得層の支持は離れていくだろうが，少なくとも第3期政権期にその支持は揺るがない，まだ高度経済成長のストックがあるように思えた。それは国家と社会の関係の安定を保障するものである。しかし，2022年11月26日に発生した抗議行動によって，楽観的な見方は再考を迫られることになった。抗議行動は，ゼロコロナ政策を批判した単発のものなのか，それとも構造的な国家と社会の関係の劣化がコロナ禍で加速された結果なのか。慎重な見極めが必要だろう。

第2期政権は，5年間の約半分を新型コロナへの対応に終始したといっても過言ではないだろう[21]。2019年12月に湖北省武漢市から広まった新型コロナの感染に対し，初動こそ遅かったものの，その後習政権が指導力を発揮し，迅速なPCR検査や厳格な隔離を行い，都市封鎖（ロックダウン）と感染拡大防

21　例えば，小嶋華津子「コロナ禍で現れた習近平政権の「社区」統治」川島真・21世紀政策研究所編『習近平政権の国内統治と世界戦略—コロナ禍で立ち現れた中国を見る』勁草書房，2022年。

止のためのゼロコロナ政策をとり，2020年，上半期には経済活動を再開させたことは，社会の評価を得ていた。しかし，変異株への対応の遅れや高齢者のワクチン接種率が低いこと，中国製ワクチンの有効性が低いこと，医療態勢の脆弱性などが原因で，感染者が再び増えた[22]。

　これに対し，習政権がゼロコロナ政策を堅持したため，感染していなくても厳格な隔離を強いられることに一般の人々は不満を募らせた。2022年9月26日には広東省深圳市福田区沙尾村で1000人規模の抗議行動が発生し，第20回党大会直前の同10月13日には北京市内の高架橋に「独裁の国賊，習近平（国家主席）を罷免せよ」と書かれた巨大な横断幕が掲げられた[23]。しかし，それに追随して抗議活動が拡大することはなかった。党大会までは，習政権は社会に対し厳しい統制を続け，社会も厳格な隔離をやむを得ないと考えていたのである。

　党大会が終了したことで，党内だけでなく，社会でも，政治的緊張感は弛んだ。11月26日以降，全国の一部の主要都市でゼロコロナ政策への不満を表出する抗議行動が発生した。きっかけは同24日に新疆ウイグル自治区ウルムチ市内で発生した火事で，死者10人に及ぶ惨事は厳格な封鎖による消火活動の遅れが原因と捉えられた。抗議行動はエスカレートし，共産党批判や「習近平退陣」のスローガンも掲げられた。習政権は同29日，ゼロコロナ政策からの転換を明確にした[24]。その後，共産党批判，習批判を掲げる抗議行動などは発生していない。

　11月26日以降の抗議行動に対し，習政権がゼロコロナ政策堅持の方針を転換させたのは，それまでの抗議行動との違いがあったからだと思われる。第1に政権のお膝元である北京市で発生し，清華大学などの学生が参加したこと，第2に全国の一部の主要都市で同時に発生したこと，第3に「習近平退陣」の

22　梅屋真一郎「なぜ中国はゼロコロナ政策を止めないのか」（2022年7月26日），野村総合研究所ウェブサイト　https://www.nri.com/jp/knowledge/blog/lst/2022/souhatsu/data_view_use/0726（2023年1月23日閲覧）。

23　『日本経済新聞』2022年10月14日。

24　11月29日の国務院聯防聯控メカニズムの記者会見を境に，当局の「動態清零」（中国語で「ゼロコロナ政策」のこと）堅持への言及はなくなった。

スローガンが掲げられたことである。これは習政権が直面した初めての「政権対社会」の対立構図であったといえる。この抗議行動を見た習氏の頭には，毛沢東時代の政治的混乱をもたらした文化大革命と1989年6月の民主化運動である天安門事件がよぎったのではないかと推測される。ゼロコロナ政策堅持の方針の転換は，社会の混乱が政権批判にエスカレートすることを回避するための社会に対する譲歩とも見て取れる。他方，社会にとっては，抗議行動を起こせば，習氏を譲歩させることができるという成功体験となった。そのため，今後社会が習政権に対し，これまで控えてきた利益表出活動を行うケースが増えていくかもしれない。そのとき，習政権は，譲歩を含め社会に歩み寄りを見せていくのか。それとも抗議活動の再発を防止するために，社会の統制を強化するのか。慎重に見ていかなければならない。

3.3　中央社会工作部の新設と社会へのさらなる統制強化

　先述の党・国家機構改革プランで党中央部門として中央社会工作部が新設された。プランによれば，中央社会工作部の主な職責は，(1) 人民の投書・陳情工作の統一的指導，(2) 末端の統治の統一的推進，(3) 非公有制企業，新たな経済組織，社会組織，就業層の党建設工作の統一的指導などとなっている。そして民政部の都市・農村コミュニティー統治の職責，国務院国有資産監督管理員会の全国規模の業界協会・商会での党建設の職責，中央精神文明建設指導委員会弁公室の全国ボランティアサービス活動の指導の職責が中央社会工作部に編入された。分散していた社会管理に関する職責が中央社会工作部に集中された。

　単に新型コロナの影響だけでなく，私営企業・外資企業のマネージャーや仲介組織・社会組織従業員，自由職業者，新興メディア従業員といった新たな社会階層人士が台頭してきたこと[25]や低成長時代の常態化から社会との関係の再構築は習政権の喫緊の課題である。中央社会工作部の新設は社会に対するさらなる統制強化のための制度的措置といえる。

25　例えば，鈴木隆「中国共産党，「労働者」と訣別する前衛：習近平時代の党員リクルートと党員集団」『問題と研究』第50巻第3号，2021年9月，1-41頁。

第**4**章 ───────────────────────────

米中関係と台湾問題の行方
──日本は外交・安全保障上の努力を

日本貿易振興機構アジア経済研究所 主任研究員

松本はる香

◉ポイント

▶ 2022年2月に始まったロシアのウクライナ侵攻後，中国の台湾への武力行使が懸念されてきた。ペロシ米議会下院議長の台湾訪問後，中国は周辺空海域で弾道ミサイル発射や軍事演習を行い，その後も台湾海峡での中国の軍事活動による緊張状態が続いてきた。

▶近年，米中対立が先鋭化するなかで，米国では対中包囲網が強化されてきた。他方，中国は米国を排除する形での国際秩序の形成を進め，その中でリーダーシップを発揮することに力を注いできており，もはや米中間の対立や摩擦は不可避の状況にあると言えよう。

▶民進党の蔡英文政権下で米台関係は強化されてきた。今後，2024年1月の台湾総統選挙に向けて，民進党の勢力拡大を阻み，比較的良好な関係にある国民党を勝利に導くために，中国が様々な間接的な手段によって選挙介入を行う可能性が高まっている。

◉注目データ ☞   米中対立の先鋭化の過程

トランプ政権下（2017年1月～21年1月）で対立は広範な分野へ拡大 ・貿易戦争⇒技術覇権問題⇒国際公共財建設の主導権争い 　　➡「米中新冷戦」へ？
ペンス副大統領のハドソン研究所での演説（2018年10月4日） ＝包括的な対中批判を展開（cf. 冷戦時の「鉄のカーテン」演説）
・2020年春以降～新型コロナウイルスの世界的蔓延 ＝米中関係の悪化がより顕著に（➡対中国包囲網強化へ）
バイデン政権（2021年1月～現在）の対中姿勢 ・「中国は最も重大な競争相手である」（2021年2月 米国務省発表） ・「中国やロシアに対抗するために，民主主義による連帯を強化すべきである」（2021年3月 国家安全保障戦略の暫定指針発表） ・「今や米中間の競争は民主主義勢力と専制主義勢力の戦いである」 　　　　　　　（2021年3月 バイデン大統領就任後の初の記者会見）

1.　米中関係とロシアのウクライナ侵攻後の台湾問題

　「今日のウクライナは明日の台湾か」といった国際社会における懸念の声の高まりに象徴されるように，2022年2月のロシアによるウクライナ侵攻以来，中国の台湾に対する武力行使の懸念が強まっている。本稿では，習近平政権下で対立が深まる米中関係の変遷を辿るとともに，そのなかで大きくクローズアップされている台湾問題の行方について論じる。

1.1　ペロシ台湾訪問の余波

　近年，中国と対峙してきた台湾の民主主義を重んじる動きが拡がりをみせ，欧米をはじめとする世界各国の政治家や政府高官による台湾訪問が加速している。そのような国際社会の動きの一環として，2022年8月2日から3日の2日間にわたってナンシー・ペロシ米下院議長が台湾を訪問した（図表1）。もともとペロシの台湾訪問は同年4月に予定されていたが，自身の新型コロナウイルス感染のため延期されていた。

　中国側はペロシ訪台の前，7月下旬には国務院台湾事務弁公室や外務省，国防省の報道官らが次々と強い警告を発して，これを強く牽制した。同29日には，中国の共産党系メディア『環球時報』の胡錫進前編集長が「台湾に入るペロシの搭乗機を米軍戦闘機がエスコートすればそれは侵略だ。中国人民解放軍には警告射撃や妨害を含め，搭乗機と戦闘機を強制的に駆逐する権利がある。

図表1　ペロシ米下院議長の台湾訪問の狙い

ペロシ氏の『ワシントン・ポスト』紙への寄稿（2022/8/2） "Why I am leading a congressional delegation to Taiwan."
・「中国共産党が台湾と民主主義そのものを脅かしているのを座視することはできない」と主張。 ・（ロシアのウクライナにおける殺戮行為に触れた上で）「米国と同盟国は独裁者に絶対屈しないことを明確にすることが不可欠だ。（中略）我々は台湾を訪れることによって，民主主義へのコミットメントを重んじるとともに，台湾の自由とすべての民主主義が尊重されるべきことを改めて確認する」ことを強調。 ➡権威主義と対峙する民主主義の砦，台湾を守る決意を示す

効果がなければ撃ち落とせ」と極めて強い英語表現でツイッターに投稿したものの，間もなく削除された。また，8月1日，中国人民解放軍東部戦区は，SNS（交流サイト）を通じて「準備を整え待機している，命令があれば戦う」と題する映像を公開し，交戦の準備が万全であることを強くアピールした。

　台湾海峡周辺の一部の空海域では航空管制が敷かれ，航行が禁止となった。そして，中国人民解放軍による軍事演習が行われ，にわかに台湾海峡の緊張が高まった。だが，中国側の再三にわたる強い警告にもかかわらず，最終的にはペロシ氏が台湾訪問を決行したため，中国側の事前の圧力に屈するという悪しき前例を作ることを避ける形となった。

　ペロシ訪台に対する中国側の反応は激烈なものであった。中国はまず台湾経済へ強い揺さぶりを掛けた。台湾訪問前日の8月1日，中国と取引がある100以上の台湾の食品メーカーが手掛ける2000品目について，輸入の緊急停止が一方的に発表された。同3日には台湾産の柑橘・魚介類の輸入停止やコンクリートの原料である天然砂の台湾輸出の停止が通告された。

　このように，ひとたび中国との間に政治的な緊張が生じれば，台湾は様々な圧力に晒され，経済的なリスクに晒されることが明らかになったわけだが，騒ぎはこれだけにはとどまらなかった。台湾の総統府をはじめ，外交部（外務省）や国防部（国防省）などの政府機関，電力会社や公共交通機関などが海外からのサイバー攻撃を受けたほか，台湾の離島である金門島では複数のドローンの飛来が確認された。さらに，8月3日には，台湾の南部の大都市，高雄にある台湾鉄路の新左営駅に設置された電光掲示板が突然ハッキングされ，「（ペロシ訪台を）歓迎したものは人民の審判を受ける」といった強い脅しのメッセージが中国大陸で用いられる簡体字で表示された。後になって台湾鉄路から委託を受けた広告会社が使用する中国製ソフトウエアを通じてハッキングされた可能性が高いことが判明している。また，台湾のコンビニエンスストアでは複数の店舗に設置された液晶モニターに「ペロシは台湾から出ていけ」と表示された。

　ペロシ氏が台湾を離れた直後，中国はおよそ一週間にわたって台湾海峡周辺の空海域で大規模な軍事演習を行った（図表2）。人民解放軍は，8月4日から4日間の予定で，海上封鎖をも想定して，台湾本島をぐるりと取り囲むように

図表 2　中国が台湾周辺で実施した大規模な軍事演習

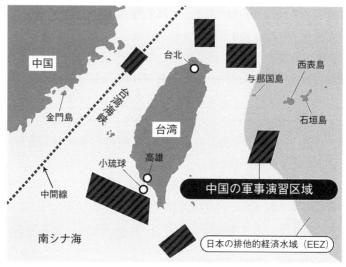

（出所）筆者作成（『週刊エコノミスト』2022 年 9 月 20-27 日）

して空海域 6 カ所で軍事演習を実施した。それは，1995～96 年の李登輝総統時代に起きた，いわゆる第三次台湾海峡危機を思い起こさせるものであった。

　当時と比べると，現在の中国の軍事力は質量ともに飛躍的に増大している。今回の中国の大規模な軍事演習は，ここ 10 数年の間に台湾との軍事バランスが圧倒的に中国に優位に傾く中で，第三次台湾海峡危機に比べて台湾本島により接近した形で実施された。台湾の国防部の発表によれば，4 日午後に中国大陸から弾道ミサイル 11 発が発射され，そのうち 4 発が台湾本島の上空を飛翔し，1 発は台北市の上空をかすめたと見られる。

　また，弾道ミサイル 5 発は南西諸島付近の日本の排他的経済水域（EEZ）へ着弾したことが明らかになった。中国の台湾への軍事的圧力は，日本にとっても脅威となることが明らかになった形だ。

　中国の軍事演習は予定よりも 3 日間延長され，10 日には一応のところ収束することが発表されたが，ペロシ訪台以降，今もなお，断続的に中国軍機による台湾海峡の「中間線」越えや，台湾側が設定した「防空識別圏」への侵入が続けられてきている。

図表3　中国軍機による中間線越えの数（2022年8〜12月）

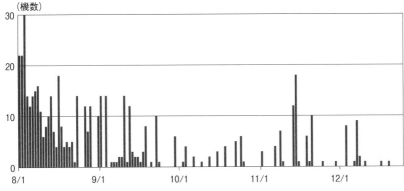

（出所）台湾国防部の公式発表などから作成

1.2　中国の台湾侵攻のシナリオ

　2022年秋の中国共産党大会を経て，習近平総書記（国家主席）は異例の3期目続投を決めた。そこに至るまでの過程で，習氏は着々と権力基盤を固め，長期政権化が濃厚になりつつある中，米国の軍部や情報関連機関の政府高官などによって，中国の台湾侵攻の危険性が高まっていることがたびたび指摘されてきた。

　ペロシ訪台の直後の2022年8月10日，中国側は国務院台湾事務弁公室が発表した白書『台湾問題と新時代の中国統一事業』[1]の中で，改めて「一つの中国」原則の遵守を呼び掛けるとともに，台湾独立の動きを強く牽制し，それに対する武力行使の可能性を留保していることを示唆した。また，習氏は党大会の報告の中で「両岸関係の平和的発展と祖国の平和的統一のプロセスを推進していく」としつつも，「決して武力行使の放棄を約束せず，あらゆる必要な措置を取るという選択肢を残す」という立場を改めて示した[2]。

1　《台湾问题与新时代中国统一事业》白皮书，2022年8月10日，『新華網』http://www.news.cn/politics/2022-08/10/c_1128903097.htm（2023年7月1日アクセス）。なお，以降のウェブアドレスのアクセス日時はすべて同様である。

2　「习近平：高举中国特色社会主义伟大旗帜 为全面建设社会主义现代化国家而团结奋斗——在中国共产党第二十次全国代表大会上的报告」（2022年10月16日）中国政府　http://www.gov.cn/xinwen/2022-10/25/content_5721685.htm

今後想定し得る台湾侵攻のタイミングとして，およそ3つのメルクマールとなる時期が示されてきた。

まず第1が，習氏の3期目の任期である2022年から27年の5年間に侵攻の可能性が高まっているというものである。とりわけ27年は，中国人民解放軍の建軍100周年に当たる重要な節目の年でもあり，その頃までを目標に中国は侵攻の準備を着々と固めているといった見方もある。

第2が，習氏は2035年までを目標として，中国の社会主義現代化を進めるとともに，今世紀半ば頃までに社会主義現代化強国を建設するというものである。これは，この先10数年間に起こり得る国内総生産（GDP）の米中逆転も含め，米中両国の総合的な国力の逆転によって，台湾攻略の実現がより近づくということが強く意識されているものとみられる。

そして第3が，2049年の中華人民共和国建国100周年までに，国防改革と軍の現代化を通じた社会主義現代化強国の建設によって中国の統一を達成するというものである。

1.3 習近平国家主席の思惑

ペロシ訪台以降，台湾海峡周辺における中国軍機による「防空識別圏」や中間線越えが急増し，いまもなお半ば常態化したような状況が続いている。中国はこうした既成事実を積み重ねることによって台湾海峡を勢力圏に収めようとしているものと見られる。

今後，台湾海峡空海域における軍事的な緊張状態が続くことによって，中台間の偶発的衝突のリスクが高まる可能性がある。とりわけ，突発的な衝突が端緒となって戦争に発展する危険性もはらんでいる。

さらに，3期目に入った習氏が自身のレガシーの形成に重点を置いていることも見逃してはならない。習氏は2021年7月の中国共産党創立100周年の祝賀大会の演説や，11月の党中央委員会第6回全体会議（6中全会）での「歴史決議」の採択を通じて，党の歴史を総括する機会を得た。習氏は千載一遇とも言えるそれらの機会を通じて，自らが中国の偉大な指導者であることを最大限誇示してきた。

だが，実際のところは，建国の父の毛沢東氏や，改革開放路線を進めた鄧小

平氏などに比べると，現時点では習氏に特筆すべき実績が見当たらないのも事
実である。習氏が台湾の祖国復帰を達成すれば，必ずや後世にその功績や名前
が残ることになる。これは，「中華民族の偉大な復興」と「中国の夢」の実現
のために，祖国の完全統一を目指してきた中国政府の公式的な立場ともまさに
一致する。このように，習氏がレガシー作りの一環として，「一つの中国」の
現実を目指す可能性も排除できない。

　また，2020年6月の「香港国家安全維持法」の施行に象徴されるように，
習近平政権は香港での統治を強め，返還後50年間は高度な自治を保障すると
いう約束を反故にし，「一国二制度」は著しく形骸化した。こうした香港での
統制強化を踏まえ，3期目はもとより，4期目の続投さえも視野に入れ，習氏
が台湾侵攻に踏み切る可能性が出てきている。

2.「米中新冷戦」の行方

2.1　米中対立の先鋭化

　2018年以来，共和党のトランプ政権下における米中間の関税引き上げ合戦
によって「米中貿易戦争」が勃発した後，米中関係は悪化の一途を辿ってき
た。米中対立は，両国の経済摩擦はもとより，技術覇権の問題や国際公共財建
設をめぐる主導権争いなどの幅広い分野へと及んだ。

　「米中新冷戦」の到来を強く実感するきっかけとなったのが，2018年10月
のペンス副大統領（当時）のハドソン研究所での演説[3]であった。この演説で，
ペンス氏は中国の強硬な対外政策や米中貿易不均衡や，国有企業の補助金問題
を取り上げ，包括的な対中批判を展開するとともに，中国共産党の海外におけ
る統一戦線工作の実態について明らかにした。中国に対する批判は，知的財産
権の保護や強制技術移転の問題，人権問題や少数民族問題，台湾問題などの広
範囲に及んだ。

　2020年春以降，新型コロナウイルスの世界的な感染拡大を契機として，米

3　"Vice President Mike Pence's Remarks on the Administration's Policy towards China,"
　Hudson Institute, October 4, 2018. https://www.hudson.org/events/1610-vice-president-mike-
　pence-s-remarks-on-the-administration-s-policy-towards-china102018.

図表 4　米中対立の先鋭化の過程

トランプ政権下（2017年1月〜21年1月）で対立は広範な分野へ拡大 ・貿易戦争⇒技術覇権問題⇒国際公共財建設の主導権争い 　➡「米中新冷戦」へ？
ペンス副大統領のハドソン研究所での演説（2018年10月4日） ＝包括的な対中批判を展開（cf. 冷戦時の「鉄のカーテン」演説）
・2020年春以降〜新型コロナウイルスの世界的蔓延 ＝米中関係の悪化がより顕著に（➡対中国包囲網強化へ）
バイデン政権（2021年1月〜現在）の対中姿勢 ・「中国は最も重大な競争相手である」（2021年2月 米国務省発表） ・「中国やロシアに対抗するために，民主主義による連帯を強化すべき 　である」（2021年3月 国家安全保障戦略の暫定指針発表） ・「今や米中間の競争は民主主義勢力と専制主義勢力の戦いである」 　　　　　　（2021年3月 バイデン大統領就任後の初の記者会見）

中関係の悪化がより決定的なものとなった。当初，新型コロナの感染源を巡っては，中国科学院武漢ウイルス研究所からの流出説や，米軍が感染症ウイルスを持ち込んだといった科学的根拠に乏しい陰謀説のようなものまで多数みられ，米中間で舌戦が繰り広げられてきたことはいまだ記憶に新しい。当時，トランプ大統領は同ウイルスを「中国ウイルス」と呼んで物議を醸す一方で，中国政府は国内での感染源の特定を避け，ウイルスの起源を国外に求める国内世論形成にも力を注いできた。

　新型コロナの蔓延を契機として米中関係が悪化する中で，2021年7月，ポンペオ国務長官（当時）は，「習近平国家主席は，破綻した全体イデオロギーの信奉者」であり，「米国の対中エンゲージメント政策は誤りであった」として，従来の米国の関与政策を否定した[4]。

　近年，米国議会において超党派の対中包囲網が強化されてきたことが示す通り，2021年1月，米国の政権交代によって民主党のバイデン政権が誕生した後も，米国の厳しい対中姿勢に変化は見られなかった。バイデン大統領は，同年3月の就任後初の記者会見で「今や米中間の競争は，民主主義勢力と専制主義

4　"Communist China and the Free World's Future," U.S. Department of State, July 23, 2020.
　https://2017-2021.state.gov/communist-china-and-the-free-worlds-future-2/index.html

勢力の戦いである」[5]と述べ，中国との対立に真っ向から向き合う決意を示した。このようにバイデン政権下でも米中対立が続く見通しが強まっている。

2.2　中国が目指す国際秩序形成

　これまでのところ，中国は，国連に代表されるような国際的枠組みの中で，米国と一線を画するアジアやアフリカなどの新興国や開発途上国などを束ねることに力を注ぎ，その枠組みのなかで多数派を形成することによって国際的な影響力や発言力の強化をはかってきた。

　国際社会での米国の役割が相対的に弱まりつつある趨勢の中で，中国は自らが自由貿易の旗印を掲げ，リーダーシップを発揮しようとしてきた。例えば，米国はトランプ政権下で包括的・先進的環太平洋経済連携協定（CPTPP）からの離脱を決定したが，それとは対照的に，中国は世界に開かれた自由貿易圏のネットワークを構築すべきであるという立場を示してきた。その一環として，経済協力に積極的を参加する姿勢を示し，2020年11月，東アジア地域の15カ国が参加する東アジアの地域的な包括的経済連携（RCEP）の協定が署名された際，中国は正式加盟国として参加を決めるとともに，21年9月にはCPTPPへの加盟も正式に申請した。これに対して，2022年5月，バイデン氏がインド太平洋経済枠組み（IPEF）の結成を発表して巻き返しをはかってい

図表5　複雑化するアジア太平洋地域の経済枠組み

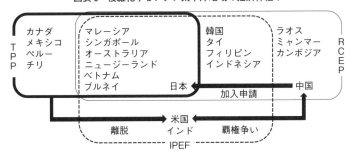

5　"Remarks by President Biden in Press Conference," March 25, 2021, The White House. https://www.whitehouse.gov/briefing-room/speeches-remarks/2021/03/25/remarks-by-president-biden-in-press-conference/

る（図表5）。

　近年，米中対立が先鋭化する中で，衛星通信網や海底ケーブルなどの国際公共財建設を巡る米中主導権争いも激化してきた。中国は「一帯一路」構想の枠組みを通じて国際公共財の建設に力を注ぐとともに，コロナ禍でも沿線国家への医療支援をはじめとして，「健康のシルクロード」や「デジタル・シルクロード」などの建設を進め，国際的な影響力の拡大を図ってきた。

　中国は，米国を排除する形での国際的枠組みの中でリーダーシップを発揮しようとしている。そうした国際的枠組みの中で，しばしば中国は「人類運命共同体」という言葉を用いてグローバルサウスや関係諸国と間の結束を呼び掛けてきた。そして，経済的支援などを梃子に取り込みを図り，アジェンダ設定や議決に自らの意向を反映させるよう仕向け，グローバルリーダーとしての影響力や発言力を拡大しようとする傾向を強めているのが特徴的だ。

　今後，中国が取り組む国際秩序形成の動きの1つとして注目すべきなのが，中国が提唱している3つのイニシアティブ，すなわち安全保障分野におけるグローバル安全保障イニチアチブ（GSI）や，開発経済分野におけるグローバル発展イニチアチブ（GDI），そしてグローバル文明イニシアチブ（GCI）である。中国がこれらの枠組みを通じて，国際社会においてリーダーシップをいかに発揮しようとしているかについても見極めていく必要があるだろう。いずれにせよ，中国が望んでいる国際秩序は，民主主義の連帯を重視する米国の価値観とは大きく異なることから，米中間の対立や摩擦は不可避の状況にあると言えよう。

2.3　ゼロコロナ政策からの脱却

　2019年の冬頃，湖北省武漢市で原因不明の肺炎が発生し，やがて新型コロナウイルスとして世界中に感染が拡大した。中国政府の初動対応には問題があったものの，その後，数カ月にわたる厳しい封じ込め政策が敷かれ，ウイルスの早期抑制に成功した。

　2020年4月上旬には武漢市のロックダウン（都市封鎖）が解除される中で，その前後の時期より中国国内では新型コロナ撲滅における習近平国家主席の偉業をたたえるキャンペーンが本格化していった。共産党系メディア『環球時

報』が「中国モデルが世界のウイルス対策の解決の鍵を握る」と題する記事[6]の中で強調したように，強権に基づくコロナ対策の中国モデルこそが，成功を収めるための唯一のモデルであると主張するとともに，それを実現した中国の統治システムこそが優れていることを国内外へ向けて強くアピールしてきた。

このように，新型コロナウイルスの世界的な蔓延以降，中国はゼロコロナ政策の徹底によって，感染者数や死者数を最低限に抑え込んできた。だが，およそ3年間にわたる行動制限や厳格なPCR検査，隔離政策に対する国内の不満や苛立ちは募っていた。それとともに，長引くゼロコロナ政策の中で，経済へのマイナスの影響が強く懸念されるようになってきた。

2022年11月下旬に新疆ウイグル自治区のウルムチ市で起きた高層マンション火災の発生[7]による大規模なデモをきっかけとして，ゼロコロナ政策に反対する抗議活動が中国全土に拡がった。それを契機として，中国はゼロコロナ脱却に向けて大きく舵を切ることになった。政府はデモへの厳しい取り締まりを行う一方で，2023年1月8日から新型コロナの感染対策を大幅に見直し，入国時の隔離措置を撤廃した。

それまで中国では厳しいコロナ対策が敷かれてきたものの，より感染力の強いオミクロン株が優勢になってからは，従来型の厳格な隔離や行動制限には既に限界が見えていた。そのためゼロコロナ政策の取り下げは時間の問題であったものと思われる。また，これまで東南アジアなどの一部の地域でたびたび問題視されてきた通り，従来の中国製ワクチンの効果がそれほど高くないことに加え，大きな人口を抱える都市部はもとより，特に農村地域における医療体制が万全ではないことが，ゼロコロナ撤廃に二の足を踏んでいた主な原因の1つとなっていた可能性が高い。

それまで中国では労働者年齢の人々へのワクチン接種を優先させた結果，高

6　Yang Sheng and Chen Qingqing "China's Anti-virus Model Urged for World Solution," Global Times, March 22, 2020. https://www.globaltimes.cn/content/1183394.shtml

7　2022年11月24日，ウルムチ市内の高層マンションで火災が発生し，10名が死亡した。市民は感染対策の行動制限が原因で，住民が火災から脱出できなかったと主張したが，当局はそれを否定した。だが，同マンションはコロナ対策で長期間封鎖されたため，消防車が近づくのが難しく，防疫用の柵の設置によって逃げ遅れた人々が亡くなったといった批判がSNS上に次々と投稿され，拡散したものと見られている。

齢者への接種が遅れ，死者の急増が強く懸念されるようになった。中国の国家衛生健康委員会の公式発表によれば，2022年12月8日から2023年1月23日までの新型コロナウイルスによる死者数はおよそ6万人に上ることが明らかになった[8]。

　ゼロコロナからの急速なシフトによって，経済回復の遅れによる国内の混乱は続いてきた。ただし，今回，ゼロコロナに反対する「白紙革命」に見られるような抗議活動が，習政権を揺るがす動きに発展する兆しは，少なくともいまのところ見られていない。中国のSNS上では，ゼロコロナ政策の撤廃による感染者や死者の急増に対する民衆の怒りの矛先や批判は，政府ではなく，むしろ抗議活動を行った人々に向けられる傾向が強まっていた印象さえ受ける。

3.　米中関係が台湾問題に及ぼす影響

3.1　蔡英文政権下で強化される米台関係

　米中関係が悪化の一途を辿る一方で，民進党の蔡英文政権下で米台関係は緊密化してきた。2018年3月，トランプ政権下での「台湾旅行法」の成立によって，米台間の政府高官による相互往来を進めていくことが定められ，双方の積極的な交流が進められてきた。それとともに，米国は台湾に対する軍事支援を続けてきた。トランプ政権下で台湾への武器売却は合計11回となり，そのうち2019年8月に発表されたF16V戦闘機66機の供与を含む総額80億ドルにのぼる武器売却は過去最大規模のものとなった。

　2021年1月のバイデン政権発足直後に米国務省が発表した「台湾へのコミットメントは岩のように固い（rock-solid）」[9]という言葉が示す通り，政権交代

8　「国务院联防联控机制2023年1月14日新闻发布会文字实录」（2023年1月14日）。ただし，この数字は，医療機関における死亡数を示しており，それ以外の自宅などで亡くなった数は含まれておらず，実際の数字はそれを大きく上回るものと見られる。
http://www.nhc.gov.cn/cms-search/xxgk/getManuscriptXxgk. htm?id=a68301ee500b436b989ec5be2a35cad2

9　"PRC Military Pressure Against Taiwan Threatens Regional Peace and Stability," Press Statement, U.S. Department of State, January 23, 2021. https://www.state.gov/prc-military-pressure-against-taiwan-threatens-regional-peace-and-stability/

図表6　米国は台湾への関与を強めている

米国政府の台湾コミットメント強化に関する法律制定
・「台湾旅行法」（2018 年 3 月） ・「アジア再保証推進法」（2018 年 12 月） ・「TAIPEI 法」（2020 年 3 月） ➡米軍の軍艦や軍用機による台湾海峡近海の警備強化
台湾への積極的な武器売却（トランプ政権 11 回，バイデン政権 8 回） 〔2022 年 12 月末時点〕
➡台湾が「非対称戦力」の確保するための支援を強化
中国による台湾への圧力と対米牽制
中国の戦闘機の台湾海峡「中間線」越え（2019 年 3 月・2020 年 2 月） 2020 年夏頃〜台湾海峡における中国軍機の活動がさらに活発化 ➡台湾海峡での偶発的衝突の危険性が高まる

後も台湾への武器供与を絶え間なく継続させてきた（図表6）。同年3月にホワイトハウスが発表した「国家安全保障戦略の暫定指針」のなかで，「進んだ民主主義を持ち，重要な経済的，かつ安全保障上のパートナーである台湾を長年のコミットメントに沿って指示していく」という方針が示された。また，ロシアのウクライナ侵攻後，中国による武力行使の可能性が取り沙汰される中で，米国は台湾への安全保障上のコミットメントをさらに強化する方針を示してきた（図表6）。

　先述の2022年5月に米国が新たに立ち上げたIPEFに台湾が加入しなかったことを補う形で，同6月には米台間の貿易協議の新たな枠組みとなる「21世紀の貿易に関する米台イニシアチブ」（米台21世紀イニシアチブ）を結成した。また，最近，バイデン政権は経済安全保障の観点から，米国，日本，韓国，台湾の4者による半導体供給網「半導体同盟」（チップ4）の構築を急いでいる。さらに，同8月には米国内での半導体産業の生産や研究開発への補助金を支援する半導体法が成立したことを受けて，台湾積体電路製造（TSMC）などの誘致も進められている。

　ロシアのウクライナ侵攻直後の台湾では，5つの主な具体的な対応として，① 半導体禁輸などを通じた対ロ制裁，② 「非対称戦力」の強化[10]，③ 中国の「グレーゾーン戦略」への対応，④ 国防費の大幅増額（国防費総額5863億台湾元＝2兆6500億円，前年比13.9％増），⑤ 軍事演習・訓練の強化，⑥ 徴兵

制の復活や軍事訓練義務の期間延長——などが掲げられてきた。

　台湾側では中国の台湾攻略に関してより悲観的な観測も見られる。2021年10月，台湾の邱国正国防部長は「2025年頃までに中国軍が台湾への全面的な侵攻を遂行する能力を手にする可能性が高く，台湾の防衛にとって重大な試練の時期を迎えることになる」[11]と発言し，その頃までに，台湾本島への揚陸作戦を成功させるための準備が整うといった見方を示した。

　また，台湾では，ロシアのウクライナ侵攻直後，習近平国家主席が台湾への武力行使を検討しており，2022年秋の党大会前に台湾統一を遂行することを計画していると記されたロシア連邦保安庁（FSB）の機密文書がインターネット上で公開されているというニュースが話題を呼んだ[12]。これに対して，台湾の呉釗燮外交部長は，いつ中国が台湾を攻撃するかにかかわらず，常に防衛の準備を整えておく必要があると応じた。同文書が公開された経緯や真偽のほどは不明であるものの，従来の予測よりもはるかに早い時期に中国が台湾侵攻を計画していた可能性が示されている。そうだとすれば，ロシアのウクライナ侵攻によって，それが大きく後退したとも捉えられよう。

3.2　台湾総統選挙へ向けて

　2022年11月26日に行われた台湾の統一地方選挙で，与党民進党が首長ポストを従来の7県市から，結党以来36年で最も少ない5県市に減らした。民進党の有力地盤である南部の高雄市や台南市などでも国民党の候補に予想以上に票差に詰め寄られる結果となった。

　野党国民党は，激戦区の台北市で当選を果たしたほか，桃園市を民進党から8年ぶりに奪還するとともに，立候補者の死去で12月18日に投開票が延期さ

10　ここで言う「非対称戦力」の強化とは，小国が大国との戦いの際に用いられる手段を指す。それは，台湾が低コストで機動性かつ効率性が高い軍事力を備えることである。それによって，もしも中国が台湾に武力行使を行った場合，その代償がかなり大きいものになるという状況を作り出す能力を備えることによって，圧倒的な軍事力を保有する中国に対して，有効な抑止力や防衛力を手にすることを意味する。

11　「兩岸局勢40年來最嚴峻 邱國正：中共2025年具全面犯台能力」中央通訊社，2021年10月6日。https://www.cna.com.tw/news/firstnews/202110060039.aspx

12　「沒把今秋武統說當真 但陸人期盼有明確時間表的聲浪漸強？」聯合報，2022年3月18日。https://vip.udn.com/vip/story/121160/6174243

れた嘉義市長選も制し，計14県市の首長ポストを獲得した。また，柯文哲・前台北市長率いる第三勢力の台湾民衆党は，新竹市長選で高虹安氏が初当選し，柯当選以来の首長ポスト獲得を果たした。なお，統一地方選挙の全国得票率は政党別に，国民党37.84％，民進党33.79％，民衆党4％であった。（図表7）。また，今回の選挙で，蔡英文政権下でコロナ対策の指揮を取ってきた陳時中・前衛生福利部長を破って台北市長に当選した蔣介石・元総統の曾孫である蔣万安氏は，次世代の総統の有力候補として注目を集めた。

　統一地方選挙の結果を受け，民進党の蔡英文氏は党主席（党首）を辞任した。その後任として，2023年1月，副総統の頼清徳氏が新たに党主席に就任した。2024年1月の総統選挙に向け，与党民進党は，頼氏を総統候補に擁立した。これに対して，政権交代を目指す最大野党の国民党は，警察出身の侯友宜氏を擁立することを決定した。また，第三勢力である台湾民衆党党首の柯文哲氏も正式な立候補を表明した。

　これまで習近平政権は，独立志向の強い民進党の蔡政権の頭越しに，中国大陸でビジネスを展開する台湾企業や専門職人材，若者に対する経済的な優遇措置を打ち出し，台湾人の取り込みを行ってきた。だが，民進党政権下で中台交流が途絶する中で，新型コロナの蔓延も相俟って，中台間の往来は制限されてきた。それに加え，ペロシ訪台時の中国の対応が示す通り，ひとたび中国との間に政治的な緊張が生じれば，様々な圧力に晒され，経済的なリスクが発生することが明らかになった。こうした中国の強権的な姿勢は，台湾の人心の掌握をより一層難しくしている。

図表7　台湾地方選・直轄6市長選の結果

都市名	選挙前	選挙後
台北	民衆党	国民党
新北	国民党	国民党
台中	国民党	国民党
台南	民進党	民進党
高雄	民進党	民進党
桃園	民進党	国民党

（注）民衆党＝台湾民衆党

　いずれにせよ，台湾総統選挙に向けて，中国は独立志向が強い民進党の勢力拡大を阻み，比較的良好な関係にある国民党を取り込んで勝利へ導くために，今後，選挙への間接的な介入をはじめとして，様々な手段による働きかけを台湾側へ行っていくことが予想される。

3.3　民主主義の砦としての台湾～日本は外交努力の積み重ねを

　最後に，いま，なぜこれほどまでに台湾問題が注目を集めているのか，その背景について若干の考察を加えたい。そもそも台湾問題は米中対立の文脈から派生してきたものとして捉えるべきなのだろうか。

　確かに，米中関係の悪化が，台湾問題を深刻化させている側面はある一方で，台湾問題そのものが米中関係を悪化させてきたという側面もある。また，台湾の民進党政権下で，中台関係が断絶したままの状態にあることが，台湾問題をめぐる摩擦をより深刻化させてきたとも言える。

　最も当てはまり得るのは，「米中新冷戦」とも呼ばれてきた米中対立における「民主主義」対「権威主義」という対立構図の中で，巨大な強権国家となった中国と対峙してきた民主主義の砦としての台湾の，戦略的重要性が大きく浮かび上がってきたことである。

　かつて，改革開放路線のもとで，いずれ中国が民主化するのではないかという期待が高まっていた時期や，国民党の馬英九政権下で中台関係が緊密化していた時期には，中台の統一に期待を寄せる声が高まったこともあった。だが，近年，香港での中国の統制強化による「一国二制度」の著しい形骸化によって，統一への期待は急速に薄れるにつれて，民主主義の砦としての台湾を守るべきだとする声が高まっている。

　このような状況下で，日本はいかに米中関係や台湾問題に対応していくべきなのだろうか。中国のゼロコロナ政策の転換によって感染爆発が起きた直後，日本政府は 2020 年春の苦い経験もあって，即座に中国に対する厳しい水際対策を講じた。中国はこれに対して強く抗議し，「差別的な入境制限を行っている」として，日本人へのビザ発給を停止する対抗措置を取った。新型コロナの蔓延以来，中国がゼロコロナの徹底によって外国からの入国を厳しく制限してきた経緯からすれば，こうした中国政府の過剰な反応に違和感を覚える人々も

多いだろう。ここからも，近い将来，日中関係が好転することになっても一筋
縄では行かない可能性が高いことが読み取れる。

　最近，日本でも「台湾有事」をめぐる議論が拡がってきている。将来，「台
湾有事」が現実のものとならないために，万が一，中国が台湾海峡の現状を一
方的に変更しようとするような動きが見られる場合には，2国間および多国間
の連携に基づき厳しい対抗措置を取るとともに，あらゆる手段によって強い制
裁を加える意志があることを示していくことが重要だ。また，最悪の事態が起
こった場合をも想定して，万全な準備を整えていく必要がある。

　台湾海峡情勢の安定のために，日本は同盟国の米国や友好国と協力して外
交・安全保障上の努力を積み重ねていくべきであろう。台湾問題に関わる国際
社会の連携による抑止力の強化によって，中国の台湾への軍事侵攻を思いとど
まらせる必要がある。それらを通じて，中国側が台湾海峡情勢を誤認して，台
湾侵攻が成功するだろうといった確信に至るような状況を作らないことが最も
重要である。また，台湾の防衛能力を高めるために，日米同盟のもとで米国と
分担しながら，「非対称戦力」の獲得や維持への支援や訓練の強化に関する議
論などを早急に進めていく必要がある。

［参考］
松本はる香「ペロシ訪台は米中台関係に何をもたらすか」『世界』2022年10月号，岩波書店。
同「台湾有事の脅威」『週刊エコノミスト』2022年9月20・27日号。
同「ロシアのウクライナ侵攻と台湾をめぐる安全保障」『東亜』2022年9月号。
同「ロシアのウクライナ侵攻が台湾問題にもたらす影響」IDEスクエア，2022年6月。
同「習近平政権下の米中関係と台湾問題」『交流』2021年9月。
同「新型コロナウイルスをめぐる中国の『ワクチン外交』—米中争覇の行方」『国際問題』第702号，
　2021年。
同「ポスト・コロナの米中関係—新たな国際秩序の形成を目指す中国」佐藤仁志編著『コロナ禍の途
　上国と世界の変容——軋む国際秩序，分断，格差，貧困を考える』（日本経済新聞社，2021年）。
松本はる香編著『〈米中新冷戦〉と中国外交—北東アジアのパワーポリティックス』（白水社，2020
　年）。
川上桃子・松本はる香編『中台関係のダイナミズムと台湾—馬英九政権期の展開』（アジア経済研究
　所，2019年）。

第5章

国際化し先進国化する中国経済
——対米国戦略の調整，「発言権」強化へ

科学技術振興機構・特任フェロー／上海里格法律事務所・顧問
大西康雄

◉ポイント

▶中国経済の国際化は，貿易構造の先進国化，海外直接投資の本格化に代表される新たな段階に入っている。FTA ネットワークを拡大して新興国の取り込みを強化しつつ，先進諸国にとっても欠くことのできない経済パートナーとなっている。

▶中国は拡大した経済的プレゼンスを「一帯一路」構想によって強化してきたが，米国との摩擦激化と新型コロナウイルスの感染拡大に対応して，新たな戦略的調整を試みている。国内循環を強化しつつ国際循環との関係の再定義を図る「双循環」戦略はその一環である。

▶中国は近年，「制度に埋め込まれたディスコース・パワー」の獲得による影響力拡大を目標としている。日本としては，国際制度の中で中国と向きあっていくこと，自らのディスコース・パワーを確保・拡大するための法・制度を整備していくことが求められよう。

◉注目データ ☞ 中国の対外貿易における G7 と新興国の比率の推移

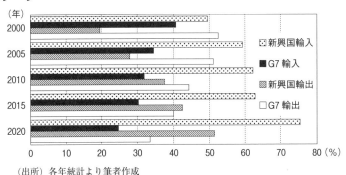

（出所）各年統計より筆者作成

1.　新段階を迎えた中国経済の国際化

1.1　貿易大国化，投資大国化

　中国経済の国際化が新しい段階を迎えている。中国は 2021 年の経済規模（国内総生産＝GDP ベース）では 16 兆 8600 億ドルと米国に次ぐ世界第 2 位となっただけでなく，輸出額は 3 兆 3640 億ドルで同 1 位（2 位は米国），輸入は 2 兆 6875 億ドルで同 2 位（1 位は米国）という貿易大国でもある。また，2021 年の海外直接投資額で見ても，フローベースが 1734 億 8000 万ドルと同 2 位（1 位米国，3 位はドイツ），ストックベースでは 2 兆 7851 億ドルと同 3 位（1 位は米国，2 位はオランダ）であった。

　国際収支統計を見ると，貿易収支が大幅黒字，サービス収支等と合算した経常収支も黒字である一方，対外直接投資は赤字（「海外直接投資額」＞「海外直接投資受入額」）[1] である。これらのデータから，中国はすでに「準先進国」と呼ぶべき立ち位置を占めているといえる。

　次に，貿易大国化，投資大国化の内容を確認しておこう。第 1 に指摘しておくべきは，かつて「世界の工場」であった中国が多くの中間財や部品を内製化し，ほぼ全世界に対して貿易黒字を計上する構造を獲得したことである。

　2000 年代初頭までの中国は日本，韓国や新興工業経済群（NIEs）から中間財や部品を輸入して製品に組み立て，それを欧米など先進国と世界に対して輸出する「三角貿易」構造を形成していた。同構造の中で中国は日本，韓国，NIEs 向けに貿易赤字となる一方，欧米先進国向けには貿易黒字を計上して収支バランスを達成していた。それが，中間財や部品の内製化により前者に対しても貿易黒字となった。

　第 2 には，経済成長とともに国民生活が改善し輸入が急増して「世界の市場」となったことである。2021 年の中国の 1 人当たり GDP は 1 万 2500 ドルとなり，輸入消費財も高価格帯に移行して米国に次ぐ輸入大国の地位を確立した。

　1　国際通貨基金（IMF）は 2008 年 12 月に国際収支統計マニュアルを改訂したが，中国は改訂後も統計法・表記を変えず，対外直接投資＝資金流出としてマイナス表記としている。

　第3には中央政府の海外投資促進策と国際収支の大幅な黒字を背景に，海外直接投資が急増したことである。後述する「一帯一路」構想の提起がこの趨勢を後押しすることになった。17〜19年は減少傾向となったが，これは経常収支の黒字幅が縮小したためと思われ，直近は再び増加に転じている（図表1）。

　投資先を見ると，アジアが63.6%と圧倒的に多いが，そのうちの55.6%は香港であり，実際には，香港を経由して第三国に向かうものであることに注意する必要がある（2021年末累積ベース，図表2）。同様のことはラテンアメリカについても言える。同地域向け投資の大部分は英領バージンアイランド，ケイマン諸島のタックスヘイブン（租税回避地）向け（シェア合計24.3%）で，ここから第三国に向かっているとみられる[2]。特異な投資構造である。

図表1　中国の外資受け入れ，対外投資の推移

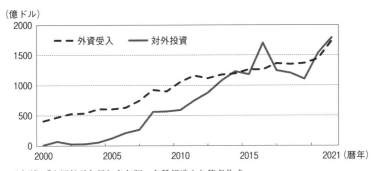

（出所）『中国統計年鑑』各年版，各種報道より筆者作成

図表2　地域別対外直接投資構成比（2021年末累計ベース）

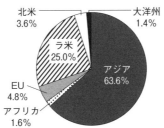

（出所）『2021年度中国対外直接投資統計公報』より筆者作成

2　中国商務省・国家統計局・国家外貨管理局（2022）『2021年度中国対外直接投資統計公報』。

　投資業種別にみると，商業サービス業（シェア 40.4%），卸売・小売（同 13.3%）など，貿易の延長線上で展開している業種が多く，その点では，まだ初歩的な段階にあるといえるが，製造業（同 9.5%）も増加傾向にある（図表3）。2021 年のフローベースでみると，三者のシェアは 8.8%，4.0%，19.8%で，製造業の増加傾向がはっきり表れており，投資が本格化，成熟化していることがわかる。

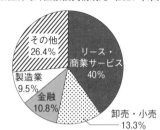

図表3　業種別対外直接投資構成比（2021 年末累計ベース）

（出所）『2021 年度中国対外直接投資統計公報』より筆者作成

1.2　深化する新興国との経済関係

　貿易について，さらに相手国・地域別から，その変化を見てみよう。図表4に示したように，2000 年の中国は，輸入では新興国からが多く，輸出では主要7カ国（G7）向けが多かった。図には示されていないが，その貿易構造は新興国から一次産品を輸入し，G7 向けには製品を輸出する，というものであった。

　これが 2015 年になると，新興国からの輸入がさらに増える一方で新興国向けの輸出も増え，ついには G7 向け輸出を上回るに至った。20 年にはこの傾向がさらに強まっている。中国にとって新興国は一次産品の供給元であるだけでなく，有力な輸出市場になった。中国と新興国との経済関係は発展，深化している。

　2020 年における主要国の輸入先としての中国の順位をみると，G7 のうち，日本，英国，米国で1位，カナダ，ドイツ，イタリアで2位，フランスで6位である。20 カ国・地域（G20）では G7 を除いて，オーストラリア，ブラジル，インド，インドネシア，韓国，ロシア，サウジアラビア，南アフリカ，トルコ

図表 4　中国の対外貿易における G7 と新興国の比率の推移

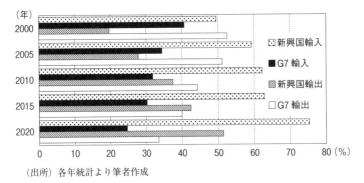

（出所）各年統計より筆者作成

で1位，メキシコで2位となっている。また，東南アジア諸国連合（ASEAN）
では，カンボジア，マレーシア，ミャンマー，フィリピン，シンガポール，タ
イ，ベトナムで1位である。新興国に限らず，世界全体で中国への貿易依存度
が高まっていることが確認できる。

1.3　影響力拡大戦略としての「一帯一路」構想

　中国はこうして拡大したプレゼンスをどのように使おうとしてきたのだろう
か。習近平指導部がまず提起したのは「一帯一路」構想（2013年秋～）であっ
た。
　「一帯一路」構想は，対外開放の流れを継承するものであると同時に，国際
情勢の変化に対応しようとするものである。それは第1に，本章1.1で概観し
た中国の対外経済ポジションの変化に対応しようとするものであり，それと関
連して第2には，世界で本格化していた新しい自由貿易協定（FTA）の潮流
に対応しようとするものであった。
　第1の点については，前記した対外貿易構造の大きな変化があるが，より仔
細に見ると，貿易相手国の多角化が進行している。現在の主要貿易相手国・地
域は，欧州連合（EU），米国，ASEAN のシェアが拮抗しながら推移している
（図表5）。
　第2の点に関しては，米国や日本を軸に実現が模索されていた環太平洋経済
連携協定（TPP）に代表されるような大幅な規制緩和や投資の自由化・保護を

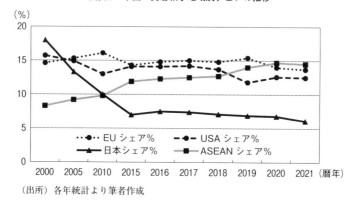

図表5　中国の貿易相手地域別シェアの推移

（出所）各年統計より筆者作成

伴う FTA に，中国としてどう対応するのかが問われていた。この2つの問題に応える道は「多国間で締結される高度な FTA を推進する」ことであった。

　中国は「一帯一路」構想を提起し，その一環として多国間 FTA ネットワークの拡大と，自由貿易試験区での規制緩和の試行や，条件が整った国内の他地域への同試験区の拡大を推進した。FTA については，東アジアの地域的な包括的経済連携（RCEP）協定が締結され，2022年6月末現在，中国は26カ国・地域と19件の FTA を締結しているが，その多くは「一帯一路」関係国である。また，自由貿易試験区は国内21カ所（2020年10月時点）と，全省市区の半数以上に設置されている。

　こうした施策を反映して，中国の対外投資における「一帯一路」関係国の比重が高まっている（図表6）。2021年の関係国向けの投資額（241億5000万ドル）は投資総額の13.5％を占めた。構想が提唱されて以降，投資の推移も安定している。

　「一帯一路」構想は「対外開放 V2.0」と呼びうる内容を備えるに至っている。しかし，その実態は，むしろ情勢の変化に対応した様々な政策の集合体であったように思われる。中国自身は，提起当初にはこれを「一帯一路イニシアチブ（中国語：一帯一路倡议）」と呼んでいたことを想起しておきたい。

　中国の影響力拡大という論点から見逃してならないのは，「一帯一路」関連プロジェクトの「中国型経済援助」としての側面である。中国の経済協力は経

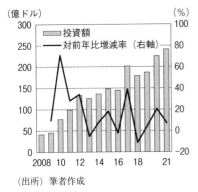

図表 6　中国の一帯一路関係国投資推移

（出所）筆者作成

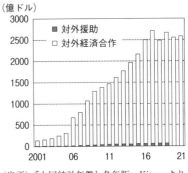

図表 7　対外援助・対外経済合作の推移

（出所）『中国統計年鑑』各年版，Kitano より

済協力開発機構（OECD）諸国の政府開発援助（ODA）とは大きく異なる[3]。中国の提供する公的資金において国家財政から支出される援助資金カテゴリーの部分は小さく，「対外経済合作」（プロジェクトの建設請負，労務提供，設計コンサルティングを主内容とする）カテゴリーが大部分を占める。その規模は毎年 2400〜2500 億ドルに達する（図表 7）。

　この部分は，OECD の定義する経済援助に比すると返済条件は厳しいが，一般のビジネス案件とは異なり，国際金融市場で調達される資金以外に中国政府が提供する優遇借款なども利用しながら実施される。OECD のいう「政府援助枠組」と「市場取引の領域」双方にまたがる内容を有している。中国自身はこれを「南南合作」（発展途上国間協力）の方式と位置づけており，また，受け手国側も経済協力の一形態と見なしている。上記した「対外経済合作」の要件を満たしていればこのカテゴリーに計上されるため，実際には，対外直接投資との重複部分を含んでいると推測される。

　広い意味で経済援助といえるが，国際的に中国の経済援助が批判される場合，こうしたカテゴリーの相違が考慮されず，「政府援助枠組」と同列に論じられることが多いことは留意すべきである。すなわち，相違を考慮しない議論

3　下村恭民，大橋英夫，日本国際問題研究所編『中国の対外援助』日本経済評論社，2013 からは，中国の経済援助の全体像を知ることができる。

が中国に対する誤解や批判に結びついている面があると思われる。ちなみに，図表7の「対外援助」は，無償援助，無利子借款，優遇借款，国際機関出資を合計したもの（推計）でODAに相当するが，2019年で68億ドルにとどまっている[4]。

2. 米中経済摩擦とコロナ禍のインパクト

2.1 米中貿易摩擦と今後

　世界経済における存在感を高めてきた中国だが，近年発生した新しい事態である米中経済摩擦の激化や新型コロナウイルスの感染拡大から大きな影響を受けることになった。以下でまず，その影響の内容を分析する。

　米中経済摩擦は，2018年3月の米トランプ政権による懲罰的付加関税措置で始まった。米国は矢継ぎ早に中国製品への関税引き上げを発動し，対する中国も報復措置として米国からの輸入品に関税をかけ，18年末には米国は中国製品のほぼ半分，中国は米国製品の約7割に付加関税をかけるという，関税引き上げ合戦となった。この結果，第1に，中国本土から対米輸出を行っていた内外企業は大きな圧力を受け，対米輸出拠点の海外移転を行うこととなった。

　ただし，海外移転自体は，中国における諸コスト（人件費，地代等）の高騰につれて既に開始されており，米中経済摩擦は移転の動きを加速する役割を果たしたというべきであろう。第2には，中国における内外企業が米国にかわる新市場を求める動きを促進することになった。その結果として中国は，前述したように，新興国市場向けの輸出増加を加速させている。

　その後，米中摩擦の領域は貿易から技術分野に拡大し，様相はさらに複雑化することになった。米国は，華為技術（ファーウェイ），中興通訊（ZTE）などの特定企業との取引や中国技術標準の採用を排除する措置を強化している。このため，第1に，直接の標的となった中国企業はもちろんだが，これら企業とビジネス関係を深めてきた外資系企業は，米国市場をとるか中国市場をとる

4　Kitano and Miyabayashi（2020）"Estimating China's Foreign Aid: 2019–2020 Preliminary Figures", JICA Ogata Sadako Research Institute for Peace and Development.

かという選択を迫られることになった。

　しかし，第2に，中国によるインフラ建設や直接投資を通じて中国技術標準を導入してきた多数の新興国においては，既に中国技術標準が「デファクトスタンダード」となっており，米国を含む他国の技術標準がそれに代替することは難しいという現実も明らかになりつつある。

　しかも，摩擦によって米中貿易や相互投資が一時的に減少する一方，米国の意図はまだ実現していない。米国の対中輸入を見ると，2018年の5403億ドルから19年4527億ドル，20年4355億ドルと減少した後，21年は5064億ドルと再び増加している。対中貿易赤字は18年の4193億ドルから19年3455億ドル，20年3102億ドルに減少した後，21年は3553億ドルとリバウンドした。貿易赤字全体占める中国のシェアは48.1％から32.9％に低下したものの，依然として相手国別の1位である。

　米中は，摩擦激化を回避するため，2020年1月に第1段階の合意を締結した。その内容は，① 数値目標を明記した米国産品輸入の約束，② 金融業など米国の希望する分野での対外開放拡大──など中国側の譲歩が目立っている。中国とすれば，これ以上の米国との摩擦激化は回避したいということであろう。しかし，現状をみると，この合意において20〜21年に中国が米国から輸入すると約束した米国産品のうち，21年末までに実際に輸入されたのは58％にとどまっている[5]。

　なお，2021年の直接投資受入額を見ると，速報ベースであるが，中国が1735億ドル（対前年比20.2％増）で世界2位，米国は3230億ドル（同2.1倍）と急増し，20年の2位から1位に返り咲いた。直接投資分野においても両国が競い合っている。米中両国の角逐は長期化することが予想される。

2.2　新型コロナ感染拡大のインパクト

　2020年初頭から始まった新型コロナの感染拡大は米中摩擦がもたらした混乱に拍車をかけた。経済面から見ると，流行の影響には段階があった。

5　米国ピーターソン研究所調査による。US-China phase one tracker: China's purchases of US goods | PIIE（2022年7月19日）。2022年11月30日アクセス。

　第1段階では，新型コロナが中国で発生し，経済活動全般が停滞したことから，生産拠点としての中国の脆弱性が露呈したとして，その代替を求める「チャイナプラスワン」戦略が再び議論されることになった。

　それが，第2段階として新型コロナが全世界に拡がると，様相は一変した。世界中で生産活動とヒトやモノの往来が縮小するとともに，各国で自国優先主義が台頭し，既存のサプライチェーンを見直して自国利益の確保を図ろうとする議論が強まってきたのである。この議論の中で，第1に，米国やEU，日本では，過度の中国依存をいかにして軽減させるかがホットイシューとなり，各国政府とも自国企業を中国から回帰させる施策を取るようになった。その一方で，第2には，いち早く感染拡大を抑止し，経済を復活させた中国を見直すことにも注目が集まった。この場合は，復活した中国のサプライチェーンを維持・強化すること，また，活況を取り戻した中国市場を獲得することがホットイシューとなった。

　2022年に入ると，全世界と同じく中国でも新型コロナの感染が再度拡大し，第3段階に入った。世界各国の対応は，厳しい措置を一気にグレードダウンした欧米諸国と感染予防を講じつつ徐々に対応緩和を図る諸国で二分されることになった。中国では，長らく第1段階と同じく厳しい行動制限による感染拡大の防止を軸として，22年春以降，大都市で都市封鎖（ロックダウン）が繰り返された。上海市の例に見られたようにその負の影響は大きく，社会的不満を呼んだが，政府当局者にしてみれば，制限の緩和に踏み切る積極的理由が見つからず，また，緩和の準備ができていないと判断していたようだ。2022年12月に突如それまでの極端な移動制限措置が解除され，感染の急拡大が生じた。その後，感染自体はピークアウトしたかに見えるが，新型コロナ政策急転換の背景分析やその影響の総括にはまだ時日を要しそうである。

2.3　デカップリングの行方

　米中経済摩擦激化と新型コロナは，本来は性質を異にする出来事であるが，両者あいまって，サプライチェーン全体をどのように再編するのか，という課題を突き付け，自国優先主義の文脈において経済安全保障が重視されるようになった。

　例えば，中国を念頭に置いたデカップリング（分断）議論が盛んに行われ
ている。しかしこれは，経済の実態を無視した議論であると言わざるを得な
い。事実，米国から見て最盛期からは減少したものの，中国は輸入相手国とし
て依然として1位であり，貿易赤字相手国としても1位である。中国側から見
ると，米国が輸出相手国として1位，貿易黒字相手国としても1位となってい
る[6]。

　また，両国間の貿易構造を見ると，2021年の中国から米国への輸出品上位
は，ノートパソコン（シェア8.5％），スマートフォンなどの携帯端末（同
6.9％），玩具（同2.3％）などで，対前年比ではそれぞれ15.4％，21.9％，
57.4％の増加であった。他方，米国から中国への輸出品上位は，大豆（シェア
9.4％），集積回路（同7.1％），乗用車その他自動車（5.5％）で，対前年比で
は21.2％増，55.2％増，4.6％減であった。

　中国の輸出品では相対的に付加価値の高いノートパソコンが第1位を占め，
米国は農産物という付加価値の低い商品が第1位である。米国側が赤字を解消
するのは難しいことがわかるが，その一方で中国は集積回路供給を米国に頼る
など，相互依存関係は入り組んだものである。

　企業レベルの関係にも，そうした特徴が表れている。例えば，高速通信規格
の「5G」を巡り，米国市場から締め出されたファーウェイは，依然として米
国企業から制限品目外の半導体なら輸入できているが，これはそもそも米国の
輸出企業側がファーウェイとの取引が可能となるよう，米国政府に働きかけた
結果である。米国商工会は，『中国と米国のデカップリングへの観方』[7]と題す
る報告を出して，米国政府に対してデカップリングのデメリットを訴えてい
る。同報告を一読すると，二国間の経済・産業の結びつきの深さや，対中輸出
の減少によって米国の産業や就業が痛手を蒙る構造にあることがわかる。

6　2021年米国商務省統計
7　U.S.Chamber of Commerce, "Understanding U.S.-China Decoupling: Macro Trends and
Industry Impacts", Washington DC, 2021

2.4 各国企業の対応

　とはいえ，後述するように米中両国は，自国の安全保障優先を軸に国内体制整備を続けている。米国が主導する半導体・同技術の輸出規制は強化される一方であり[8]，両国によるデカップリングの動きは続き，それに対応して両国を含む各国企業もサプライチェーンの再編を図っていくことになろう。

　対応の実態を日本貿易振興機構（ジェトロ）の調査でみてみよう。同調査からは，日系企業の対応に大別して二つのタイプがあることがわかる[9]。第1は「地産地消型」である。ここには，① 部品や中間財を中国現地で調達して製品は国内市場に販売する自動車産業，② 中国市場向けの消費財製造・販売業，サービスの提供を行う物流業・飲食業，③ もともと中国にはなかった新サービスを提供するヘルスケア産業──などが含まれる。これらの企業は，前記した要因の影響をあまり受けないので，製造拠点や調達先，販売先の変更は考慮していない。

　第2は，国際的なサプライチェーンの中で全世界向けに製品を提供している産業で，特に米中摩擦に対応して，もともと中国国内にあった製造拠点や部品・中間財調達先を海外移転したり，販売先を中国以外に変更したりするなどの対応を取っている。

　こうした企業の対応は，次に見る中国の「双循環」戦略を先取りした動きとも見ることができる。「地産地消型」産業は中国の国内市場に，全世界向け産業は中国の国際展開に対応しているからである。その帰趨には中国経済の今後の展開が大きく影響することになりそうである[10]。

8　2022年10月に米国商務省安全保障局は，対中国半導体規制の全面的強化策を打ち出した。その内容は，① ターゲットの厳格化，② エンティティリストの拡大，③ 米国籍技術者の中国での半導体製造への就業規制，などで，半導体を核・ミサイル・化学兵器並みの規制対象としている。

9　日本貿易振興機構「2019年度アジア・オセアニア進出日系企業調査」。

10　丁可（2022）「中国の双循環戦略─分断される世界への対応─」（川島真・21世紀政策研究所編『習近平政権の国内統治と世界戦略─コロナ禍で立ち現れた中国を見る』勁草書房，所収）を参照。

3. 「双循環」戦略の提起

3.1　習近平演説の内容

　中国は，米中経済摩擦や新型コロナの感染拡大，デカップリング論に代表される世界経済の分断を意識し，国家レベルの対応として「双循環」戦略を提起している。「双循環」とは，国内循環と国際循環を意味する。

　同戦略が初めて公にされたのは，2020 年 4 月の中国共産党中央財政経済委員会第 7 回会議における習近平総書記・国家主席の演説「国家中長期経済社会発展戦における若干の重大問題」においてである。

　そこで指摘された 6 つの重大問題は，① 内需拡大戦略の実施，② 産業チェーン・サプライチェーンの最適化・安定化，③ 都市化戦略の整備，④ 科学技術の投入および産出構造の調整・最適化，⑤ 人と自然の調和共生の実現，⑥ 公衆衛生体系建設の強化──であり，タイトル通り発展戦略全般の見直しを意図するものとなっている。そして，このうち ①，②，④ は，米中対立の教訓を汲んだものであり，対米依存からの脱却の方向性を示すものである。習演説の認識は，折から策定段階にあった「第 14 次 5 カ年計画および 2035 年までの長期目標」の関係項目に反映されているが，本章の問題意識に関わる対外開放（国際循環）部分では，むしろその継続と強化が謳われている点に注目しておきたい。

3.2　「双循環」戦略の狙い

　公表当初に指摘されたように，習演説は，米国への対抗心と経済発展の主導権を確保しようとする意図が色濃いものであるが，「双循環」戦略を客観的に評価すれば，新しい国際情勢に対応する中で中国の主導性を確保・強化するために，国内循環と国際循環の関係を「再定義」しようとしたもの，と考えることができる[11]。

11　科学技術振興機構『中国の双循環（二重循環）戦略と産業・技術政策─アジアへの影響と対応』，2022 年を参照。

　「再定義」とする意味は，第 1 に，「双循環」戦略は，従来から中国がとってきた国内経済政策の帰結としての側面を有していることによる。すなわち産業構造の高度化や科学技術の重視などである。

　第 2 に，同戦略を国際経済政策としてみれば，ここまで見てきたような変化がもたらす市場，生産，技術分野における分断への対応を意識していることによる。

　そして第 3 に，そうではありながら，従来の国際循環重視に替えて内需拡大やサプライチェーン・産業チェーンの強化により国際循環を国内循環に従わせようとしている点で，従来のスタンスの転換を示している面もある。このように継続と転換を含んでいるという意味で，「再定義」を目指した戦略だといえよう。

3.3 　第 14 次 5 カ年計画と 2035 年の長期目標

　次に，双循環戦略の認識を受けて策定された「第 14 次 5 カ年計画および 2035 年までの長期目標」の内容をみる。まず，第 14 次 5 カ年計画で「双循環」戦略について記述された部分（第 4 編）では，冒頭で「内需拡大という戦略的基本を堅持し，内需戦略と供給側（サプライサイド：筆者注）の構造改革を結合させ，質の高い供給が新たな需要を牽引・創造する，国内大循環を主体とし国内・国際双循環が相互に促進する新たな発展枠組みの構築を加速する」と述べており，「双循環」戦略が「新たな発展枠組み」と公式に位置づけられた。

　国内循環については，改めて「製造強国」が掲げられ，国家安全保障の観点から重要な製造業を自前で維持・発展させることが確認された。中核となるのは「戦略的新興産業」であり，次世代情報技術，バイオ技術，新エネルギー，新材料，ハイエンド設備，新エネルギー車，環境，航空宇宙，海洋設備といった産業の発展が図られることになる。また，「製造強国」を支える「現代インフラ建設」が急がれる。内容は，5G 等の通信インフラ，交通網の充実，現代エネルギー体系の構築（洋上風力発電，原発の建設など）である。

　国際循環については，輸出入の相乗的な発展が謳われ，投資も双方向の発展を図り，その中で産業チェーン，供給チェーンを保障し，産業競争力を強化することが目標とされている。

　なお，対外開放については「一帯一路」構想の「質の高い」発展の方向性と具体施策を詳述している（第12編）。まず安全保障の重視が掲げられており，その前提の下でより多くの国家と投資保護協定や二重課税防止協定を締結し，通関の一体化を推進するとしている。「質の高い」発展の内容としては，①「一帯一路」金融協力ネットワークの構築，②「一帯一路」科学イノベーション行動計画の実施推進とデジタル・シルクロード，イノベーション・シルクロード，グリーン・シルクロード，健康シルクロードの建設——などが挙げられている。これにより「一帯一路」は今後，インフラ建設を主体とした段階から制度面の一体化や科学・技術分野での協力を主体とする段階に進んでいくことが予想される。

4.　戦略調整の方向性

4.1　対米摩擦長期化を前提とした体制の構築

　米中摩擦の主戦場が貿易から技術に移行した経緯はすでにみたとおりである。2018年8月には，米国で，国防権限法を根拠とした中国ハイテク企業の政府調達からの排除が実施された。また，同年10月のペンス副大統領のハドソン研究所での演説は，「一帯一路」構想を中国の世界覇権獲得に向けた動きとして非難するなど，米中間で「新冷戦」が始まるのではないかとすら思わせる厳しい調子のものだった。

　こうした米中摩擦の質の変化を受けて，習政権の対応は「二枚腰」ともいえるものになっていく。すなわち，2020年1月の第1段階の米中合意の内容にみられるように，米国との決定的対立を回避する姿勢を示す一方で，対外貿易・投資分野で国家安全に関連する法律・法規体系の構築を進めたのである。

　その一端を図表8に示した。施行年からわかるように2020〜21年に集中的に法整備を行っていること，エンティティリスト方式による規制や外国投資に対する審査強化など，米国が実施しているのと相似した貿易・投資管理体制の構築を企図していること，IT分野や軍事との両用が可能な分野，デジタル・データ分野など，まさに米中摩擦の焦点となっている分野をターゲットとしていることが看て取れよう。

図表 8　中国の国家安全に関連する法律・法規

法規名	概　　要
外商投資法 (2020 年 1 月 1 日施行)	第 4 章投資管理・第 35 条で外商投資安全審査制度の構築を予告。「法の下で下した安全審査決定は最終決定とする」と明記
「輸出禁止・制限技術目録」の調整に関する公告 (2020 年 8 月 28 日施行)	「輸出禁止・制限技術リスト」(2008 年施行) の改訂。輸出管理の対象として新たに 23 項目の技術を追加
	3D プリンタ，ドローン，AI，暗号チップ設計，量子暗号，ソフトウェア・セキュリティ等の関連技術を追加・修正
信頼できないエンティティリスト規定 (2020 年 9 月 19 日施行)	外国エンティティ (外国企業，その他の組織もしくは個人) を対象に，中国の国家安全に危害を与えた，中国企業等への差別的措置をとったなどの条件に該当する場合に，調査等を経てリストに掲載される
	リストに掲載された場合，罰金や居留資格の制限もしくは取り消しなどが課される可能性あり
輸出管理法 (2020 年 12 月 1 日施行)	管理品目，輸入業者・エンドユーザーについてのリストを作成し，リストに掲載された輸入業者・エンドユーザーに対して輸出禁止，輸出制限などを実施
	「再輸出」「みなし輸出」「法の域外適用による責任追及」等の規定を含む
外国の法律及び措置の不当な域外適用を阻止する規則 (2021 年 1 月 9 日施行)	他国の制裁措置等により，中国の公民，法人あるいはその他組織と第三国の公民，法人，あるいはその他組織との正常な取引が妨げられた場合に適用
	中国政府当局が「不当な域外適用」と判断した場合，中国の法人等が当該他国の法規等に従うことを禁止できる
外商投資安全審査弁法 (2021 年 1 月 18 日施行)	軍事産業，国家安全に関わる重要農産品，重要インフラ，重要技術などに対する外商投資について事前の申告を義務付け，審査・許可制度を実施
	審査の対象範囲，申告・審査プロセスを明示
〈データ三法〉	
インターネット安全法 (2017 年 6 月 1 日施行)	ネットワーク運営者，重要インフラ施設運営者，インターネットサービス提供者などを対象として，インターネットセキュリティ等級保護の実施義務などを規定
データ安全法 (2021 年 9 月 1 日施行)	重要データの保護強化，国家の安全や公的・私的利益などに対してデータの不正使用や不正取得が与える可能性がある影響を勘案しデータの階層分類を制定
個人情報保護法 (2021 年 11 月 1 日施行)	国内で個人情報を処理する活動，国内に拠点を持たない外国企業でも国内の個人への製品，サービスの提供を目的とする場合，国内個人の行動を分析・評価する場合，などに適用

(出所) 筆者作成

また，こうした立法措置以外に技術分野での国産化推進に力を注いでいる。科学技術・産業政策において国産技術の開発を奨励しているほか，① IT，エレクトロニクス機器での国産基本ソフト（OS）やチップの使用を標準化ないし義務づけること，② 政府調達分野で参加企業に対して同様の義務化を図る――といった施策が取られている。

4.2　影響力拡大からディスコース・パワー獲得へ

さらに中国は，米国の国際的影響力に対する挑戦を強化している。中国は従来からグローバルガバナンス体制，例えば世界貿易機関（WTO）の改革に積極的に関わってきたが，近年においては，国際経済秩序を支えている様々な国際的制度の中で，中国の要求を受け入れさせるパワーを獲得する意図を明確にしている。

具体的には，制度をテコとした発言権，「制度に埋め込まれたディスコース・パワー」（中国語：制度性話語権）の獲得である。この言葉は，第13次5カ年計画（2016〜20年）において公式に用いられて注目された。同計画中の記述は「グローバルガバナンスと国際公共財の供給に積極的に関与し，グローバル経済ガバナンスでの制度に埋め込まれたディスコース・パワーを高め，幅広い利益共同体を構築する」というものであった。

こうした発想は米国の国際的影響力の分析に基づいている。すなわち，中国は，米国の影響力は，① 米国・西側の価値観，② 米国を中心とした軍事同盟，③ 国連とその国際組織に支えられている――と分析している。そのうえで，① と ② は受け入れられないものの，③ を受け入れ，そこでの影響力を強化することでディスコース・パワーを獲得しようとしている，とみることができる[12]。

ディスコース・パワーの具体的な姿は，例えば，① 世界銀行，国際通貨基金（IMF）などにおける議題設定や議決権の拡大，② G20，アジア太平洋経済

12　こうした観点から中国の対外経済政策の変化を分析した論稿に増田雅之「『リベラルな国際経済秩序』と中国－親和性の終焉，優位性の追求－」（『安全保障戦略研究』第2巻第2号，防衛研究所，2022年3月）等がある。

協力会議（APEC），新興 5 カ国の BRICS など，緩やかな国際的枠組みのなか
でイニシアチブや提案を行っていくこと，③ アジアインフラ投資銀行（AIIB），
新開発銀行（BRICS 銀行）など中国がより強い主導性を発揮できる国際機関
の影響力拡大，④ 深海底，サイバー空間，極地，宇宙など国際制度が形成途
上にある領域での中国の影響力拡大——などである。

4.3　国家安全志向の強化

　中国は，ディスコース・パワー獲得の動きと並行して「国家安全」の確保を
第一とする志向を明確化している。2015 年に制定された「国家安全法」は，
国内の政治・経済的安定だけでなく対外的な安全保障に関わる各分野について
定めている。「総体的国家安全観」という概念に基づいて金融，食糧，ネット
ワークが国家安全の重要要素であることを示しているほか，民族，宗教，さら
には宇宙空間や海底・極地などにも言及している。そのカバーする範囲は幅広
く，個別分野の基準は個別法で規定されることを想定したものである。

　本章の問題意識との関連においては，通商関係の法律に同法に基づく条項が
盛り込まれており，貿易・投資に対する規制が可能となっている点が問題であ
る。「国家安全」概念の大きな問題は，「安全」を判断するのは一義的には中国
であり，判断がどのような基準に基づいて下されるのか，端的に述べれば国際
的な標準に沿って下されるのか否かが不透明なことである。

　図表 8 に示した関連法は，まだ施行から日が浅い。日本をはじめ国際社会は
その運用ぶりを注目していく必要がある。

4.4　日中関係とディスコース・パワー

　日本はこうした中国の動きにどう対応していくべきであろうか。ディスコー
ス・パワーが「制度に埋め込まれた」ものであるならば，まず第 1 に，制度の
中で中国と向き合っていくことが求められる。例えば，WTO や日本と中国が
ともに加盟している多国間 FTA（RCEP 等）の場において，中国が協定を遵
守するよう求めていくことが考えられる。また，中国が加盟申請している包括
的・先進的環太平洋経済連携協定（CPTPP）の交渉においては，中国が協定
の要求を満たすよう交渉をリードしていくことが考えられる。こうした対応に

よって，中国のディスコース・パワーに国際標準に基づく「枠」をはめることが第一目標とされるべきである。

　第2には，日本自身が独自のディスコース・パワーを強化する法・制度を整備していくことが考えられる。その意味で5月に国会を通過した経済安全保障推進法[13]の運用が重要となってくる。同法は，① 重要物資の安定的な供給の確保，② 基幹インフラの安定的な提供，③ 先端的な重要技術の開発支援，④ 特許出願の非公開——を柱としている。

　このうち ① においては，半導体や医薬品など国民の生存に不可欠に物資，部品，原材料，プログラムなどを「特定重要物資」に指定して供給逼迫などにならないよう体制を整備することになる。② においては，電気，ガス，水道など社会に不可欠なインフラ分野において，運営業者を指定し，また，新規設備導入などにつき審査する。③ においては，先端的な重要技術に対して国の支援を強化することとしており，宇宙，海洋，量子，AI，バイオ等の分野が想定されている。また，④ においては，内閣府審査により内容を非公開とすべきと判断した場合は当該特許を「保全対象発明」に指定し，情報公開を禁止するとともに当該特許を使った発明を制限することが可能となる。

　より具体的な措置は，2023～24 年以降に政省令等でガイドラインを決めて実施されることになっており，同法制に関する有識者会議において「特定重要物資」指定に向けた議論が続けられている。「経済安全保障法」がカバーする範囲は広く，日中関係にも大きな影響を及ぼすことが予想される。日本としては，国際基準を毀損することなく国益を守る道筋を模索することが望まれる。

［参考文献］
科学技術振興機構（2023）『中国の"製造強国"政策と産業・科学技術』（科学技術振興機構）
丁可編（2023）『米中経済対立—国際分業体制の再編と東アジアの対応』（日本貿易振興機構アジア経済研究所）
大西康雄（2022）「新段階の一帯一路と中国の対外経済進出」（川島真・21 世紀政策研究所編『習近平政権の国内統治と世界戦略—コロナ禍で立ち現れた中国を見る』勁草書房，所収）
科学技術振興機構（2022）『中国の双循環（二重循環）戦略と産業・技術政策—アジアへの影響と対

13　「経済施策を一体的に講ずることによる安全保障の確保の推進に関する法律」（https://www.sangiin.go.jp/japanese/joho1/kousei/gian/208/pdf/s0802080372080.pdf）。2022 年 12 月 20 日 アクセス。

応』（科学技術振興機構）

木村福成・西脇修編著（2022）『国際通商秩序の地殻変動—米中対立・WTO・地域統合と日本』（勁草書房）

末廣昭・田島俊雄・丸川知雄編（2018）『中国・新興国ネクサス　新たな世界経済循環』（東京大学出版会）

第**6**章

中国型社会保障の実態と問題点
——著しい格差，高齢化に即した改革急げ

同志社大学大学院グローバル・スタディーズ研究科　教授

厳　善平

◉ポイント

▶ 2011 年の「社会保険法」の施行を皮切りに，中国政府はすべての国民を対象とする社会保障体制の構築に力を注ぎ，10 年近くで国民皆保険・皆年金という形を整えることができた。しかしその一方で，都市農村間，地域間，階層間に保険料負担，給付水準などで大きな格差構造が制度化されている。

▶ 都市部における年金給付額は退職前給与，勤続年数，学歴だけでなく，性別，政治的身分，元勤め先の所有制などからも強く規定される。男性，共産党員，国家機関・事業単位・国有企業勤めは，女性，一般人，民間企業勤めに比べ，著しく厚遇されている。

▶ 退職年齢は全体として若すぎるが，具体的には個人属性などに規定される。男性，共産党員，党政機関・事業単位勤め，組織責任者の退職年齢は比較的高い。希望退職年齢に関しては，特権階層が退職年齢の引き上げ，企業勤めの一般労働者が退職年齢の現状維持か引き下げを希望する傾向がある。

◉注目データ ☞　元勤め先の所有制からみる年金と退職前給与の比較

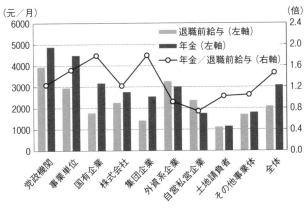

（出所）CHIP2018 より作成

1.　はじめに

　中国政府は 2000 年代に入ってから，従来の都市住民を中心とした医療，年金などの社会保障を改革し，全国民を対象とする新たな社会保障の体制構築に取り組み，そして，2010 年代に国民皆保険・皆年金を実現するに至った（沈・澤田 2016）。具体的には，国家機関や事業単位，国有企業などで働く正規雇用を対象に年金，医療，労災，失業，生育という社会保険制度が適用される一方，それ以外の住民に対して，その居住地が農村か都市を問わず，基礎医療，基礎年金という保険制度が導入される。また，所得の低い生活困窮者に対し，生活保障ラインとの差額を補助する公的扶助制度は従来は都市住民向けだったが，近年，農村住民にも急速に普及された（朱 2022）。さらに，身体障害者などを対象とする社会福祉制度が不十分ながら整備され（真殿 2016），国民の健康の維持促進を目的とする様々な公的サービスも充実化されつつある。ある意味で，社会保険，公的扶助，社会福祉，公衆衛生という 4 つの柱から構成される現代的社会保障（小塩 2013）は，今日の中国でも体系化されているといっても過言ではない。

　一方，中国の国民皆保険・皆年金は個々人の居住地域，勤め先の性質（所有制）などの相違により中身が大きく異なり，実態としての国民皆保険・皆年金はかなり中国的特徴をもつ。本章は，中国所得分配調査（China Household Income Project, CHIP2018）の個票データを用い，いわゆる中国型社会保障の実態と問題点を明らかにすることを主な目的とする。具体的には，社会保障の中核をなす医療保険，養老保険（年金制度）に焦点を絞り，① 各制度の加入状況，② 年金給付額およびその決定要因，③ 社会保障制度の持続性に重要な影響を及ぼす定年制度の運用実態——について分析する。それに先立ち，中国型国民皆保険・皆年金の体系を簡潔に考察する[1]。最後に，実証分析の結果を踏まえ，現存する社会保障の問題点を指摘しつつ改革の方向性を示す。

1　片山（2018, 2021）は中国の医療保険・年金制度の成立過程，仕組み，機能を包括的に分析している。詳しくはそちらを参照されたい。

2.　中国型国民皆保険・皆年金の体系

　中国は 2011 年 7 月より「社会保険法」を施行している。同法の冒頭では，社会保障を受けるのが国民の権利であるという理念が掲げられる一方，その社会保障制度は社会経済の発展水準に相応しいものでなければならないという方針も明記された。① 広く普及させる，② 基礎的な保障を基本とする，③ 多重的な構造があってもよい，④ 持続可能性を重視する──という 4 つの点はその方針の中身である。

　以来，既存の社会保障制度の統合が進められ，全国民の社会保障への加入率も上昇し続けた。一方，国民の間に，居住地域や勤め先の性質の違いによって大きな制度的格差も存在するようになった。

2.1　都市部の医療・年金制度と加入状況

　都市部で働く被用者を対象とする医療・年金制度として「城鎮職工基本医療保険（以下は職工医保と略す）」，「城鎮職工基本養老保険（職工年金）」がある。ここでいう「城鎮職工」とは，都市と地方の町にある，国有・集団所有・外資系・私営企業，党・政府・人代・政協からなる国家機関，教育研究・医療・文化・スポーツなどからなる事業単位，社会団体など（以下，それらを事業主と略す）が雇用する正規の従業員を指し，農村からの出稼ぎ労働者（農民工）も含まれる。

　「職工医保」は，1951 年に導入された「都市職工基本医療保険」が 97 年に改正されて出来たものであり，強制加入，事業主と個人による保険料負担，公費による基本的医療費・高額な入院費の定率給付（上限あり），といったものが主な内容である。同制度に 15 年以上加入して定年退職した者は退職後，医療保険料の納入をせずに高額な医療費を含む公的医療サービスを享受し続ける。中国政府の統計によれば，2021 年末，同制度の加入者は全国で 3 億 5431 万人，そのうち，現役が 2 億 6106 万人，退職者が 9324 万人に上る[2]。

2　人力資源・社会保障省「2021 年全国医療保障事業発展統計公報」による。以下同様。

図表1　中国の都市部正規雇用者における医療保険・年金制度の枠組み

城鎮職工基本医療保険（職工医保）	
対象者	企業や国家機関，教育研究などの事業単位，社会団体などで働く正規従業員。農村からの出稼ぎ労働者
要件	強制加入。保険料は事業主と個人が分担
適用	15年以上加入し定年退職すると，医療保険料を納入せずに高額な医療費を含む公的医療サービスを受け続けられる
加入規模（2021年末）	3億5431万人，そのうち，現役が2億6106万人，退職者が9324万人
城鎮職工基本養老保険（職工年金）	
対象者	企業や国家機関，教育研究などの事業単位，社会団体などで働く正規従業員。農村からの出稼ぎ労働者
要件	強制加入。保険料は事業主と個人が分担
適用	15年以上加入し定年退職すると年金を支給。支給額は事業体によって大きく異なる（前のページ参照）
加入規模（2021年末）	4億8074万人。うち退職者は1億3157万人

　また，「職工年金」は，1951年の都市就労者を対象とする「職工養老金制度」が97年に，55年の公務員などを対象とするものが2015年に，大幅に改正されて出来たものであり，その適用対象は「職工医保」のそれと全く同じである。強制加入，事業主と個人が共に保険料を負担すること，給付を受ける資格が加入15年以上，といった点も「職工医保」のそれと同じである。21年末，定年退職者（1億3157万人）を含む同制度の加入者数は4億8074万人に上る[3]。

　ちなみに，自営業者をはじめ特定の事業主に属しない，いわゆる「霊活就業人員」は，自らの経済的状況などに応じて社会保障機構で所定の手続きを行い，「職工医保」や「職工年金」に加入することができる。また，農村部にある様々な企業（郷鎮企業）で働く従業員がこうした制度に加入するかについては，各省・自治区・直轄市政府が決定するとされるが，沿海部の江蘇省，浙江省，広東省などの農村部では非農業就業者の多くは「職工医保」，「職工年金」に加入している。「霊活就業人員」も郷鎮企業就業者も後述の「居民医保」，

3　人力資源・社会保障省「2021年人力資源和社会保障事業発展統計公報」による。以下同様。

「居民年金」に加入することもできる。

2.2　農村部の医療・年金制度と加入状況

　「職工医保」がカバーしない，都市戸籍の非就業者・学生・児童および農家の人々は，「城郷居民基本医療保険（以下，居民医保と略す）」という制度に加入することができる。「居民医保」は，1959 年導入の「農村合作医療保険」が2003 年に改正されて出来た「新型農村合作医療保険」と，07 年導入の「都市居民基本医療保険」が 16 年に統合されたものである（龍 2022）。

　「居民医保」への加入は任意であり，年末に次年度の保険料を一括納入して，はじめて所定の医療保険を受けることができる。保険料は自己負担と財政補助からなるが，後者の方が多い。例えば，2022 年に，中央政府は 1 人当たり医療保険料を年 960 元（約 1 万 8000 円），その内，個人が 350 元，財政補助が610 元と定め，財力のある地方政府は補助金を引き上げることもできるとした。一方，給付は基本的な医療費と高額な入院費の両方があるが，「職工医保」の水準よりはるか低いだけでなく，生涯にわたって保険料を納めなければ公的医療サービスを受けることができない。

　2021 年末，全国の加入者数は 10 億 866 万人に上る。これに「職工医保」の加入者を足すと，医療保険の加入者数は 13 億 6297 万人と総人口の 95％を超える。国民皆医療保険がほぼ達成したのである。

　また，「職工年金」のカバーしない，16 歳以上（学生を除く）の都市部非就業者および農家の人々に対し，「城郷居民基本養老保険制度（居民年金）」というものが用意される。「居民年金」は 2014 年に都市住民，農村住民をそれぞれ対象とする以前の差別的な制度が統合されて出来たものであるが，要件として，任意加入，個人による複数保険料（12 ランク）からの選択制と財政補助，給付を受ける資格は加入 15 年以上，給付は基礎年金と個人勘定，といった点が挙げられる。

　2021 年末，「居民年金」の加入者数は 5 億 4797 万人に上る。それに「職工年金」の加入者を加えると，基本養老保険加入者数は 10 億 2871 万人に達する。これは 16 歳以上人口のほとんどを占める。国民皆年金もほぼ達成しているといってよい。

2.3 国民皆保険・皆年金体制下の格差～驚くべき国家公務員の年金の実態

ところが，国民皆医療保険も国民皆年金も全体的な状況にすぎず，その中身を覗いてみると，地域間，階層間に大きな制度的格差が横たわっていることが分かる。確かに，こうした制度が全国的に統合されてまだ日が浅く，旧制度の下で定年退職した者，新旧制度の両方に掛かった過渡期の者，新制度の下で定年を迎えた者の間に，保険料の負担方式や水準，年金の給付額などで一定の差が発生するのもやむを得ない。しかし，制度的に手厚く守られている特権階層がある一方，最低限の医療保障と年金に喘ぐ大勢の農民や農民工が存在し続けている問題も無視できない[4]。

2015 年までの長い間，国家機関などに勤める公務員の多くはそもそも社会保障制度に加入しておらず，医療保険や年金は基本的に財政支出で賄われていた。そういうこともあり，今日でも彼らには高額の年金が支給されている。関係者の話によると，中央省庁の課長クラス，局長クラスが退職した後の年金は退職時の給与（2022 年現在，年額がそれぞれ 40 万元，60 万元）の 9 割相当であり，ある程度の役職を経験した国家機関の退職者の年金は 10 万元を下らないという。にもかかわらず，彼らは医療保険料を払わずに公的な医療サービスを享受している。

役人の年金が厚遇されている事実は，SNS（交流サイト）に流出した旧経済貿易省（旧経貿部）元部長・D 氏の年金明細書とされる写真の数字から証左を得ることができる。2019 年 4 月に投稿された当時 90 歳代の D 氏の年金明細書によると，大小 12 項目から構成される年金月額は 4 万 9250 元に上り，当時の農民年金（月額 80 元）の 6156 倍に当たる。また，高額にもかかわらず，制度上，年金に対する課税がない[5]。

新制度の下で定年退職した役人は，社会保障機構から所定の年金だけでなく，財政支出から退職金も支給され，また，国慶節，元旦，旧正月など祭日毎に，現役の役人と同じように，様々な名目の一時金または現物が支給されたり

---

4 以下の記述は筆者の調査情報に基づく。
5 職工基本養老金（年金）に対し個人所得税が免除され，企業年金または職業年金も所定範囲内であれば個人所得税が免除される。

するという。

　国家機関勤めに次いで優遇されるのは，事業単位や国有企業から定年退職した者である。給付水準は比較的低いものの，職工医保・年金から手厚く守られている。その他の民間企業から定年退職した者は居住地域の平均賃金，加入期間の平均賃金，加入期間などにより年金給付額は変わるが，全体として公務員，国有企業勤めの水準を下回るといわれる。

　都市部の非就業者と農家の人々は一律60歳を迎えた後に年金を支給される。新制度が施行される前に60歳を迎えた者は2022年に月115〜130元を政府の財政支出から支給されるが，新制度に加入している者は自ら選んだ保険料ランクと加入年数に応じて年金を受け取るとされる。ただし，都市部の非就業者は地元政府から比較的多い財政補助を受け，比較的高い保険料ランクを選択するため，実際の受け取る年金は農家の人々よりはるかに多い。

　以上のように，国民のほとんどが何らかの社会保障に加入していることは大きな社会的進歩であり高く評価されなければならない一方，国民の間に実態としてだけでなく制度的差別が存続している問題も認識されなければならない。その意味で，中国の国民皆保険・皆年金はやはり「中国型社会保障」という名に相応しい。

3. 医療・年金保険の加入状況と特徴

　既存研究では，この「中国型社会保障」とは何かについて必ずしも十分な実証分析が出来ていないように思われる。定量分析に必要な質の高い情報が足りていなかったというのは重要な一因であろう。以下，北京師範大学が2019年に実施し，21年7月に公開したCHIP2018を用いて，中国型社会保障の実態を描き出し，主な問題点を析出する[6]。

6　CHIP2018は全国15省・自治区・直轄市をカバーし，7万人余を対象とする総合的調査であり，医療，年金など社会保障制度への加入状況，退職者の関連情報について多岐にわたる設問が盛り込まれている。

3.1 医療保険の加入状況

CHIP2018 では，医療保険に関して農村部と都市部の調査票で同じ設問が用意された。図表 2 は複数回答による加入状況を集計した結果を表すものである。同表によれば，2 つ以上の制度に加入しているとの回答者は農村部，都市部でそれぞれ 1.7％，5.4％となっている一方，いかなる医療保険にも加入していないとの回答者はそれぞれ 1.2％，3.8％に留まる。2018 年末の中国で男女老若を問わず，ほぼすべての国民が何らかの医療保険に守られているといっても過言ではない。これは政府統計とほぼ合致する。

また，「加入なし」との回答者は農村部に比べ都市部の方が多く，しかも，各年齢層で観測される（図表 3）。都市部では手厚い「職工医保」を家族が流用する，という事情があると推測される[7]。

国民皆医療保険がほぼ実現されているとはいえ，保険内容には農村内，都市内，農村都市間に大きな格差が存在するところに大きな特徴が見出される。強制加入だが，定年退職後は保険料の納入が不要の上，医療費の自己負担率が低

図表 2　医療保険制度別加入者比率

	農村部	都市部
職工基本医療保険	6.4	35.7
公費医療等	0.3	1.7
居民基本医療保険	9.1	29.8
農村新型合作医療保険	82.8	27.6
商業医療保険	1.6	5.7
その他医療保険	0.5	1.5
加入なし	1.2	3.8
合計	101.8	105.8

図表 3　医療保険未加入者の割合

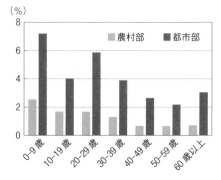

（注）集計結果は複数回答（4 つまで）で，2 つ以上を選んだ者は農村部，都市部でそれぞれ
　　　1.7％，5.4％である
（出所）CHIP2018 より作成。数字は 2018 年末

7　職工医保加入者の保険カード（中国語：社会保障卡）に毎月一定額の還付が社会保障機構の個人口座から振り込まれる。加入者はそれを使って指定薬局で薬を買ったり指定病院の外来で使用することができるだけでなく，家族間で流用することも可能とされている。

いとされる「職工基本医療保険」「公費医療等」への加入者比率は，農村部で
6.7％にすぎず，都市部でも 37.4％に留まる。彼らは国家機関，事業単位，国
有企業などに勤める正規雇用であり，従来制度上優遇されてきた，いわば特権
階層である。

　また，「居民基本医療保険」に統合されていたはずの「農村新型合作医療保
険」は，CHIP2018 が実施された時点に，十分認識されていなかったためか，
農村と都市の双方で選ばれている。実際，農村部における調査対象の 82.8％は
それを選び，「居民基本医療保険」との回答者はわずか 9.1％である。都市部で
は両者の比率はそれぞれ 27.6％，29.8％である。こちらは任意加入であり，保
険料は農村と都市で大きく異なるが，60 歳の定年後も保険料を納める必要が
ある。なお，「商業医療保険」などへの加入者比率は農村部が 2.1％，都市部が
7.2％と共に低く，農村・都市間に一定の差がある。

3.2　養老保険の加入状況

　医療保険と並んで重要である養老保険についても CHIP2018 からその実態を
見ることができる。前述のように，養老保険に関して「職工年金」，「居民年
金」の 2 種類があるが，CHIP2018 の調査票には図表 4 に示された企業年金，
（国家）機関・事業単位養老保険，都市非正規雇用養老保険なども実態として
存在する。全体として「職工基本養老保険」は 4 分の 1，「居民社会養老保険
（新型農村社会養老保険を含む）」は半分近くを占めるのに対し，いかなる養老
保険にも加入していないとの回答者が 2 割近くに上る。また，未加入との回答
者割合は若年層ほど高く，加齢とともに低下し，農村と都市の間に顕著な差異
が認められない，といった特徴が指摘できる（図表 5）。要するに，養老保険
への加入実態は医療保険のそれと似通っており，農村内，都市内，農村都市間
に大きな違いがあるといえる。

図表4　養老保険制度別加入者比率（16歳以上）

	農村部	都市部	全体
職工基本養老保険	7.0	41.3	24.5
企業年金	0.2	1.3	0.8
機関・事業単位養老保険	0.7	3.2	1.9
都市非正規雇用養老保険	1.0	2.1	1.5
居民社会養老保険	6.3	11.1	8.8
新型農村社会養老保険	62.4	16.3	39.0
商業養老保険	0.8	2.2	1.5
その他	0.7	0.9	0.8
加入なし	19.1	20.0	19.6
合計	98.3	98.6	98.4

図表5　養老保険未加入者割合

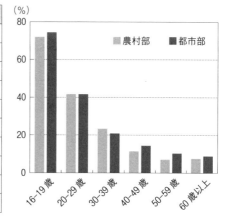

（注）集計結果は複数回答（3つまで）で，2つ以上を選んだ者は農村部，都市部，全体で0.5％，2.5％，1.5％である

（出所）CHIP2018より作成。数字は2018年末

4.　都市部における年金給付額とその決定要因

　「中国型社会保障」の実態をより詳しく理解するため，本節では，年金給付額の格差状況を明らかにし，年金給付額の決定要因に関する計量分析を行う。ただし，中国の農家に定年退職制度がないためか，CHIP2018では年金給付や退職年齢に関する調査項目は都市住民を対象とする調査票にのみ取り入れられた。データの制約により以下の分析は都市住民を対象とせざるを得ない[8]。

4.1　年金給付額の格差

　CHIP2018では，都市部の退職者を対象とする豊富な調査項目が用意され，中でも初めて取り入れられた年金受給額と退職前給与に関する情報が貴重であ

8　CHIP2018で捕捉されている退職者に対し，それぞれの生年や退職年齢を照合し，信ぴょう性に疑いのあるサンプルを分析の対象から除外した。その結果，5400人余の退職者が抽出されることになった。

る。図表6は調査時の年金受給額と退職前給与を元勤め先の性質に基づいた集計結果を示すものである。全体では年金月額は平均で3071元であり，退職前給与月額2091元の1.47倍に当たる。各人の退職年次が異なり，急速な経済成長に伴う給与の上昇も速かったため，退職前給与の平均値は大した意味をもたないかもしれないが，年金生活者も経済成長の果実を手にしているという意味でこの倍数が注目に値する。

　勤め先の性質をベースにそれぞれの年金額を見ると，党政機関，事業単位といった特権階層の年金はそれぞれ4879元，4481元と全体平均を59％，46％上回る。国有企業，外資系企業は全体平均とさほど違わないが，株式会社や集団企業はだいぶ低く，自営私営企業，土地請負者はそれぞれ全体平均の57％，37％にすぎない。要するに，国家公務員など特権を持つ者は退職前の給与が高いだけでなく，退職後もほかの部門より高い年金を受け取っているというわけである[9]。

図表6　元勤め先の所有制からみる年金と退職前給与比較

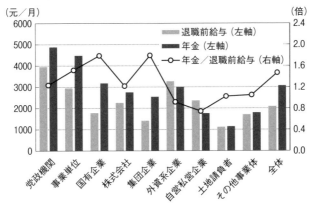

（出所）CHIP2018 より作成

9　江西省鷹潭市社会保障センターは2023年1月13日に，春節を控える1月の年金支給に関する情報を公表した。それによれば，（国家）機関，企業を退職した職工にそれぞれ5080元，2369元，一般市民，農民にそれぞれ207元，123元が支給されるという。国家機関勤めが厚遇されていることが分かる。（https://www.163.com/dy/article/HR6MHK9P0556128E.html，20230116最終確認）

4.2 年金給付額の決定要因

　もちろん，元勤め先の性質のほか，個々人の退職時期，勤続年数，性別・学歴・政治的身分といった属性，職種も年金に何かの影響を及ぼすと考えられる。そこで，年金給付額を被説明変数とし，上述の諸要素を説明変数とする重回帰モデルを構築し，各要素の年金に及ぼす影響を計量的に検討する必要がある。図表7は都市部における年金生活者年金給付額の決定要因を推計した結果

図表7　都市部の年金生活者年金給付額の決定要因（OLS モデル）

		平均値	モデル 1		モデル 2	
	(定数)		73972.88	***	79456.74	***
	退職前平均月給	2084.26	0.14	***	0.14	***
	退職年次	2007.47	-36.69	***	-39.09	***
	勤続年数	32.92			36.56	***
	退職時年齢	53.67	34.96	***		
	男性	0.426	346.84	***	345.70	***
	正規教育年数	9.539	69.76	***	69.48	***
	党員・民主党派	0.268	236.05	***	222.58	***
	所定年齢退職者	0.820	119.31	***	132.64	***
勤め先の性質	党政機関	0.054	951.65	***	953.39	***
	事業単位	0.164	873.35	***	876.35	***
	国有企業	0.370	316.35	***	279.48	***
	株式会社	0.041	-67.66		-66.21	
	集団企業	0.164				
	外資系企業	0.005	82.9		125.8	
	自営私営企業	0.094	-763.3	***	-718.0	***
	土地請負者	0.020	-652.4	***	-677.7	***
	その他事業体	0.088	-652.7	***	-625.7	***
職種	組織責任者	0.089	480.8	***	460.5	***
	専門技術者	0.172	296.8	***	276.5	***
	事務職員	0.273	164.3	***	151.8	***
	商業サービス従業員	0.106				
	農林水産業従業員	0.040	-122.6		-239.9	*
	生産運送等従業員	0.167	146.5	**	124.7	*
	軍人	0.004	5256.5	***	5241.2	***
	その他職業	0.148	45.7		64.8	
省・自治区・直轄市 (15)			あり			
業種 (26 タイプ)			あり			
調整済み決定係数			0.586		0.597	
観測値			4891		4844	

（注）***，**，*はそれぞれ，1%，5%，10%で有意であることを意味する
（出所）CHIP2018 より作成

（回帰係数と有意水準）であり，モデル 1 は退職時年齢，モデル 2 は勤続年数，を投入したことで違いがあるが，ほかは全く同じである。ただし，退職前平均月給，退職年次（西暦），勤続年数，退職時年齢および教育年数は数量変数であり，それ以外はすべてダミー変数である。

　男性は女性（サンプルの 57.4 ％），共産党員・民主党派は一般人（73.2 ％），所定年齢退職者は早期退職（18.0 ％），勤め先の性質，職種はそれぞれ集団企業（16.4 ％），商業サービス業従業員（10.6 ％），をベンチマークとする。

　回帰係数は，ほかの条件が同じ場合，ある説明変数が 1 単位変化したことに伴った年金給付額の増減を表す。例えば，男性の回帰係数から，女性に比べ男性の年金給付額が 346.84 元多いと推測する。ちなみに，2 つのモデルとも5000 人足らずのサンプルしかないが，調整済み決定係数の値からこのモデルが 6 割近くの説明力をもつと分かる。個票データに基づいた計量分析としてはとても良い結果だといえる。

　このような理解のもとに，図表 7 に示された数字を読み解くと興味深い統計的事実が指摘できる。

　第 1 に，退職前給与（月平均 2084.26 元）が高いほど，勤続年数（平均32.92 年）が長いほど，または退職時年齢（平均 53.67 歳）が高いほど，年金給付額が多い，と顕著な正の相関関係が認められる。退職時期が近年であるほど年金給付額が減るという負の相関関係が確認できる。

　第 2 に，ジェンダー格差のほか，教育や政治的身分も年給給付額に有意に影響している。つまり，正規学校教育を 1 年長く受けたことで年金月額が 70 元ほど増える，あるいは一般人に比べ共産党員・民主党派の人が月額 220 元ほどの年金を多く受領している，ということである。人的資本を表す代理変数としての教育，政治的資本を表す代理変数としての共産党員・民主党派が年給給付額まで顕著でポジティブな効果を果たしているところに中国的特徴がある。

　第 3 に，ほかの条件をコントロールした上でみても，元勤め先の性質によって年金給付額が大きく異なっていることに変わりがない。集団企業勤めをベンチマークにみた結果，株式会社も外資系企業も集団企業との間に有意な差異が見出せない一方，党政機関，事業単位，国有企業を退職した者の年金給付額は集団企業勤めのそれを大きく上回り，また，自営私営企業，土地請負者などを

退職した者のそれは集団企業勤めのそれを大幅に下回る，という格差構造が改めて浮き彫りになった。

第4に，組織責任者，専門技術者，職務職員など8つの職種がリストアップされるが，やはり互いの間に年金給付額の格差が存在する。大雑把にいうと，商業サービス業，農林水産業，生産運送業などで働く，いわゆるブルーカラーの間に年金給付額の差異は顕著ではないか，比較的小さい。

それに対し，事務職員以上のいわゆるホワイトカラーの年金給付額が顕著に高い，ということができる。元勤め先の性質と比較してみれば，職種の違いによって一定の年金格差が生じても容認されやすいであろうが，職種をベースとする階層間に大きな年金格差が存在しているという事実が認識されるべきである。

5. 都市部における退職年齢とその決定要因

5.1 定年退職者の基本状況～定年延長は多くが望まず

医療保険も養老保険も現役時代だけでなく，退職時の年齢，それも勤続年数や退職後の経過年数などとも深く関係する。中国都市部における定年退職の年齢規定は 1950 年代に制定されたものに則っている。少子高齢化が進む中，退職時の平均年齢が若すぎるため，年金生活の期間が長くなり，結果的に年金財政は厳しさを増しているといわれる。以下，年金生活者の基本状況を多面的に捉えた CHIP2018 を用いてこの問題を分析する。

都市部退職者の基本状況を示す図表8によれば，調査時の対象者平均年齢は 65.2 歳であり，2018 年の全国平均寿命が 76.4 歳なので，10 年以上の余命があることになる。同年の平均寿命は男女別では，それぞれ 73.64 歳，79.43 歳だっ

図表8　中国都市部における定年退職者の基本状況

(単位：歳，年)

	退職者年齢	退職経過年数	勤続年数	退職時年齢	希望退職年齢
男性	68.1	10.8	36.9	57.4	57.3
女性	63.1	12.1	30.0	50.9	51.1
全体	65.2	11.6	32.9	53.7	53.8

(出所) CHIP2018 より作成。

たので，女性の平均余命はより長くなる。

　もちろん，これらは全国平均の値であり，都市部だけで見るなら，平均寿命はもっと長い。例えば，北京市，上海市の平均寿命は 21 年に 80 歳を超えた（周辺の農村部も含まれる）。たとえほかの都市部の平均寿命が北京市，上海市のそれに及ばなくても，全国平均より高いはずである。すると，今の年金生活者を支える期間はさらに数年長くなるであろう。

　他方，退職者が比較的若いにもかかわらず，退職してすでに 10 年以上経過している点も注目される。特に女性に関してである。こうした現象は当然ながら勤続年数が短く，あるいは退職時年齢が若かったことに起因する。最終学歴とも関係する。就職年齢を問わず，勤続年数が 32.9 歳，退職時年齢が 53.7 歳，というのはやはり若すぎる。中でも女性の早すぎる退職もしくは年金生活は社会経済に大きな影響を与えずにはいられない。男性の平均寿命が女性を 6 歳ほど下回るのに，女性より 6.5 年遅く定年退職するというのも非常に理不尽な現実である。

　調査票では「仮に退職年齢を自由に選択できるならば，あなたは何歳で退職しますか」という設問もあるが，その回答結果は退職時の平均年齢とほとんど変わらない。現行政策の下，定年延長を希望する者がほとんどいないことが強く示唆された。

　また，個々人がいつ退職したかによって退職時の年齢も変化していることが，図表 9 から見て取れる。サンプルの数が限られており，折れ線の形状には

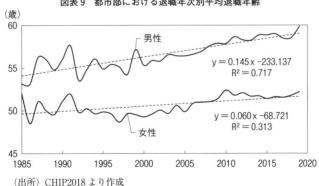

図表 9　都市部における退職年次別平均退職年齢

（出所）CHIP2018 より作成

波があるものの，概ね以下のような特徴が挙げられる。

　第 1 に，時間が経つにつれ，男女とも平均退職年齢が上昇する傾向にある（退職年次と退職年齢との間に正の相関関係がある）。第 2 に，1 年経過すると女性の退職年齢が 0.060 歳しか伸びないのに対し，男性が 0.145 年も伸びると男女間に 2.4 倍の差がある。その結果，退職年齢の男女格差は時間の経過と共に広がる傾向にある。

5.2　退職年齢の決定要因

　むろん，退職年齢は性別のほか，個々人の受けた教育，政治的身分，勤め先の性質や職種とも深く関係すると予想される。そこで，個々の要素が退職年齢に有意に影響を与えたか，その影響の度合いがどうであるかを明らかにするため，退職年齢を被説明変数とし，諸要素を説明変数とする重回帰モデルを推計する。

　図表 10 は各変数の回帰係数および有意水準を表すものである（基本統計量としての平均値は図表 7 と同じ）。前述の通り，回帰係数は，ほかの条件が同じである場合に説明変数の変化に応じた被説明変数の変化を表す。例えば，退職年齢モデルでは，男性というダミー変数の回帰係数が 6.319 となっていることから，教育年数や政治的身分，元勤め先の性質，職種などが全く同じ場合，男性の退職年齢が女性より 6.319 年高い，と推測される。

　このように回帰係数を読み解くと，以下のような統計的事実が挙げられる。

　第 1 に，学校教育を受けた年数が長いほど，退職年齢が僅かながら若い傾向がある。つまり，教育年数が 1 年増えると退職年齢が 0.049 年若い。具体的にいうと，例えば，高卒者に比べ大卒者の受けた教育が 4 年長いことから，大卒者は高卒者より 0.196 年早く退職するということである。

　第 2 に，元勤め先の性質によって退職年齢が顕著に異なっている。国有企業，株式会社，外資系企業のいずれも集団企業と余り変わらない状況だが，党政機関，事業単位に勤めた者の退職年齢は 1.7 年ほど長く，また，自営私営企業，土地請負者も定年が遅い傾向がある。

　第 3 に，職種の違いによって退職年齢も大きく異なる。大まかな傾向として，専門技術者も事務職員も商業サービス業従事者との間で顕著な差異が見出

図表10　中国都市部における退職年齢および希望退職年齢の決定要因（OLSモデル）

		退職年齢			希望退職年齢		
		全体	男性	女性	全体	男性	女性
（定数）		49.923 ***	56.785 ***	49.825 ***	49.733 ***	55.655 ***	49.762 ***
男性		6.319 ***			5.633 ***		
正規教育年数		−0.049 **	−0.004	−0.090 ***	−0.022	−0.009	−0.036
党員・民主党派		1.007 ***	0.897 ***	1.140 ***	0.916 ***	0.665 ***	1.216 ***
勤め先の性質	党政機関	1.671 ***	1.017 **	2.735 ***	2.031 ***	1.746 ***	2.379 ***
	事業単位	1.781 ***	0.934 ***	2.412 ***	2.034 ***	1.560 ***	2.310 ***
	国有企業	−0.246	−0.375	−0.272	0.202	0.054	0.216
	株式会社	0.570 *	0.302	0.725 *	−0.197	−0.269	−0.167
	集団企業						
	外資系企業	1.500 *	1.855	1.294	−0.196	0.816	−1.012
	自営私営企業	1.317 ***	1.123 ***	1.390 ***	0.770 ***	0.411	1.010 ***
	土地請負者	2.865 ***	1.521 +	3.741 ***	0.370	−1.072	1.121 +
	その他事業体	2.072 ***	1.189 ***	2.465 ***	0.123	−0.477	0.472
職種	組織責任者	1.026 ***	0.474	1.722 ***	2.048 ***	1.812 ***	2.286 ***
	専門技術者	0.357 +	−0.304	0.596 **	1.983 ***	1.850 ***	1.842 ***
	事務職員	−0.226	−0.544	−0.207	0.825 ***	0.723 +	0.727 ***
	商業サービス従業員						
	農林水産業従業員	1.459 ***	0.703	1.741 ***	1.902 ***	1.722 *	2.063 ***
	生産運送等従業員	−0.893 ***	−1.471 ***	−0.649 **	−0.065	−0.416	0.004
	軍人	−8.742 ***	−11.289 ***	0.046	3.100 ***	2.801 **	3.328 +
	その他職業	0.192	0.164	0.094	0.286	0.149	0.236
省・自治区・直轄市 (15)		あり					
調整済み決定係数		0.433	0.113	0.146	0.349	0.084	0.096
観測値		5078	2192	2900	5014	2189	2883

（注）***, **, *, +はそれぞれ，1%，5%，10%，15%で有意であることを意味する
（出所）CHIP2018 より作成

せないのに対し，組織責任者がやや長く，生産運送等従業員がやや短い，ということである。

　第4に，希望退職年齢の決定要因に関する推計結果は退職年齢のそれに似通っている。違いを挙げるなら，男女間，共産党員・民主党派と一般人との開きがやや縮まったこと，党政機関などに勤めた組織責任者や専門技術者，事務職員といった特権階層もしくはホワイトカラーは定年延長を希望するのに対し，企業などに勤めた一般労働者もしくはブルーカラーは現状維持か，もっと早く辞めたいといった傾向が観測される。

　男性，女性をそれぞれ対象とする退職年齢，希望退職年齢の決定要因についてもモデルを推計してみたが，全体のそれと似通う結果が得られている。

6. 中国型社会保障の問題点と改革の方向性

　本章の分析結果を以下の 4 点にまとめよう。

　第 1 に，2011 年の「社会保険法」の施行を皮切りに，中国政府はすべての国民を対象とする社会保障体制の構築に力を注ぎ，10 年近くで国民皆保険・皆年金という形を整えることができた。しかしその一方で，都市農村間，地域間，階層間に保険料負担，給付水準などで大きな格差構造も制度化されている。

　第 2 に，都市と農村を問わず，医療・養老保険とも高い加入率が見られるものの，現場では政府の制度設計が必ずしも十分浸透しておらず，新旧制度の統合は 2010 年代末に至っても過渡的状況にある。国民皆保険・皆年金下の格差が加入率に反映されない可能性がある。

　第 3 に，都市部における年金給付額は退職前給与，勤続年数，学歴だけでなく，性別，政治的身分，元勤め先の性質，職種からも強く規定される。総じていうと，男性，共産党員，国家機関・事業単位・国有企業勤め，組織責任者・専門技術者などのホワイトカラーは，女性，一般人，民間企業勤め，ブルーカラーに比べ，著しく厚遇されている。

　第 4 に，都市部における退職年齢は全体として若く，中でも女性の定年が早すぎる。退職年齢も個人属性などに有意に影響される。総じていうと，男性，共産党員，党政機関・事業単位勤めまたは自営私営企業勤め，組織責任者の退職年齢は比較的長い。希望退職年齢に関しては，特権階層などのホワイトカラーが退職年齢の引き上げ，企業勤めの一般労働者またはブルーカラーが退職年齢の現状維持または引き下げを望んでいる，ということも明らかになった。

　こうした状況が作り出された背景に旧態依然の定年退職制度がある。早く定年退職し，しかも高い年金が受け取れるなら，その制度を最大限利用すること自体は人間の合理的な選択である。高額の年金が保障される国家機関などの特権階層はそれだけでも裕福な老後を過ごせるし，企業などを退職した元職工

は，必要があれば，年金を受給しながら再就職することもできるので，現行制度には文句がない。問題なのは，「職工年金」に加入できない庶民がそうした恩恵を受けられず，また少子高齢化が進む中，年金制度自体が持続できなくなることであろう。

　社会保障の格差を解消し，諸制度の持続可能性を高めるために，さらなる改革は必要不可欠である。日本など現代市民社会における社会保障の理念，政策（岩村ほか 2022；小野 2022）を念頭に，中国の社会保障改革の大まかな方向性を示す。

　第1に，全国民が同等の医療サービスを受けられるように制度改革を行う。農民など一般庶民に対する財政補助を増やすと同時に，職工が退職した後も，農民など一般庶民と同じように医療保険料を納める。

　第2に，退職した職工も給与所得者と同じように，年金収入と一般収入の合算に基づいて個人所得税を納め，加えて，特権階層の高すぎる年金自体を引き下げる必要がある。制度的に優遇された特権階層の中に，住宅など莫大な不動産を保有する者が多い。農民工などの庶民はむろん，一般の現役被用者よりも高い年金が給付され，しかも，所得税が免除されるという制度設計は，社会的正義からみても大きな問題を内包する。

　第3に，男女間の定年格差を段階的になくし，退職年齢を引き上げる。平均寿命が大きく伸びてきた今日において，女性が50歳（ブルーカラー）または55歳（ホワイトカラー），男性が60歳（ただし，特殊な職種に限って早期退職も認める）で定年を迎え年金生活を開始するという退職制度は，その合理性を全く持たなくなっている。退職後20～30年間も高い年金が給付される現状のままでは，社会保障体制は間違いなく崩壊する。

　第4に，効果的な少子化対策を策定し社会保障体制の基盤を強化する。日本など東アジアと同じように，中国も少子高齢化，人口減少の道を歩んでおり，そのようなトレンドの発生要因もほとんど同じである。中国経済の高度成長はすでに終焉し，近いうち低成長・停滞の局面に移行する可能性が高い。近年，中国政府は出産制限から生育奨励へと人口政策の方針を転換したが，出生率の回復が見られていない。

　中国では，経済成長，都市化と共に家族の形態が激変している。2020 年に 2

人以下世帯の全体比は55.1％，2世代以上同居世帯の全体比は50.5％と，20年前のそれぞれの25.3％，78.3％に比べて大きな構造変化が起こった（人口センサス）。それを受けて，中国政府は社会保障体制の構築に取り組み，一定の成果を遂げることもできているが，その中身はとても十分とはいえない。今後の課題は加入率の安定維持と共に，保障内容の質的向上を急ぐことである。上述の社会保障改革が実現されない限り，健全な市民社会が中国に訪れることはない。

［参考文献］

岩村正彦・嵩さやか・中野妙子編（2022）『社会保障制度——国際比較でみる年金・医療・介護』東京大学出版会。

小野太一（2022）『戦後日本社会保障の形成——社会保障制度審議会と有識者委員の群像』東京大学出版会。

片山ゆき（2018）「中国の公的医療保険制度について」『基礎研レポート』（ニッセイ基礎研究所）1月15日。

片山ゆき（2021）「中国における少子高齢化と社会保障制度」財務省中国研究会（10月7日）報告資料。

小塩隆士（2013）『社会保障の経済学 第4版』日本評論社。

朱珉（2022）「中国の社会扶助——相対的貧困に向けて」『社会保障研究』第6巻第4号。

沈潔・澤田ゆかり編（2016）『ポスト改革期の中国社会保障はどうなるのか——選別主義から普遍主義への転換の中で』ミネルヴァ書房。

真殿仁美（2016）「改革開放期・ポスト改革期にみる障碍者の生活保障」沈・澤田編（2016）。

龍玉其（2022）「医療保障制度的発展回顧与未来展望」王延中主編『中国社会保障発展報告』No.12，社会科学文献出版社。

〈BOX：中国の人口が61年ぶりに減少〉

　中国国家統計局は2023年1月，22年末の人口推計を発表した。中国大陸の総人口は14億1175万人で，21年末から85万人減った。中国で人口が減少するのは大躍進政策の失敗により多数の餓死者を出した1961年以来。これにより，世界最大の人口大国はインドとなったもようだ。

　2022年の年間出生数は前年より106万人少ない956万人で人口出生率は6.77‰。1949年の建国以来，初めて1000万人の大台を割った。年間死亡者数は27万人増の1041万人。人口自然増加率はマイナス0.60‰だった（図表）。

中国の人口動態の推移

（出所）中国国家統計局の資料などから作成

　中国では長年続いた産児制限のツケで少子高齢化が止まらず，ここ数年の出産制限の緩和策も効果に乏しいため，早くから人口減が懸念されてきた。国家衛生健康委員人口家庭局の楊文庄局長は2022年7月に「第14次5カ年計画（2021～25年）中に人口が減少に転じる」との見通しを示していたが，予想は5カ年計画の2年目で早くも現実のものとなった。

　人口減がマクロ経済に及ぼす影響は大きい。2020年の人口センサス調査によると大躍進政策後の1963年から75年までに生まれた人は毎年2000万人を超えており，中国版の「団塊世代」とされる。2023年からは63年生まれ以降の男性が年々，60歳に達して大量の定年退職が始まることから，10年間で生産年齢人口は約9％減少するとの試算もある。長期的に人口のマイナス傾向が続くと労働

人口も一段と減少して，成長の重い足かせとなるのは必至だ。

　経済の低迷に伴う収入減により，一般家庭では子育て費用の負担も増している。中国メディアによると，教育熱が高い中国では子ども1人を18歳まで育てる費用が米国や日本を大きく上回るという。このため，多くの家庭からは出産制限が緩和されても「子どもは1人で十分」との声が聞かれる。政府は教育費の抑制を狙って営利目的の塾を原則禁止するなどの措置を講じたが，効果は限定的だ。今後は都市部を中心に，出産奨励と子育て支援策などを組み合わせた総合的な施策が必要となろう。

（湯浅健司）

第7章

債務問題にみる中国経済の課題
──家計部門の増加が長期的リスクに

中央大学経済学部　教授

唐　　成

◉ポイント

▶中国が抱える債務は世界的にも高い水準で増加し続けている。中でも家計債務が最も伸びており，国内外の注目を集めている。住宅ローンを中心とした家計債務の急増は，高所得層ほど多くの債務を抱えており，また若い世代ほど債務残高が大きい。

▶家計債務の急増は中長期的に消費を抑制し，経済成長の鈍化や金融システムの不安定化へのリスクが高まる。また増大する家計債務は離婚率の上昇や家計の過剰な債務などの家計リスクの上昇につながる。

▶今後の中国は，家計債務の抑制政策や過剰な債務を抱える家計経済のリスクを低下させたり，家計の債務構造そのものを改善させる方策が不可欠となるだろう。

◉注目データ ☞　　年齢階層別の住宅資産・債務および所得の分布

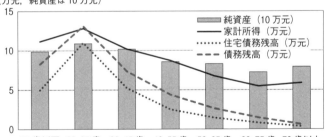

（万元，純資産は 10 万元）

凡例：
- 純資産（10 万元）
- 家計所得（万元）
- 住宅債務残高（万元）
- 債務残高（万元）

（出所）『中国家計金融調査 CHFS』データベース 2015～17 年

1. はじめに

　2008 年の米国における「サブプライムローン」の不良債権化がきっかけとなり，世界的な金融危機が引き起こされたことは記憶に新しい。そのような経緯もあり，中国の政府部門，企業部門に加え，家計部門の債務残高が急速に増大してきたことは，国内外から大きな懸念を呼んでいる。特に 2015 年に中国の民間債務比率（対 GDP 比）は 190.4％に達しており，世界主要国の中で最も高い水準となっていた。その後，中国政府は「供給側の構造改革」を推進していく中で，非金融企業部門の債務比率が徐々に低下したのに対して，家計部門は依然として上昇し続けている。

　過去 60 年間にわたって，世界各国で起きた経済危機の主な要因が家計部門の高い債務比率であっただけに，中国の家計が抱える債務問題は，今後の中国経済にとって大きなリスク要因として取り組むべき重要な政策課題である。そこで，本稿においては主に家計債務の側面から，第 2, 3 節では，マクロとミクロの視点からその現状と特徴を明らかにする。第 4 節では，中長期的視点から，家計債務問題は今後の中国の構造問題，すなわち経済および社会の両面においてどのような影響を及ぼすのかを検討する。第 5 節では，本章のまとめと提案を述べる。

2. 中国のマクロ債務の現状～家計部門の増加目立つ

　マクロ指標の債務水準は，一般的に債務残高の対 GDP 比でその相対的な規模を示し，この債務比率は「マクロレバレッジ」とも呼ばれる。債務残高の増加速度が名目経済成長率を超えると，マクロレバレッジが上昇するが，逆の場合は低下する。

　中国のマクロレバレッジは，国際金融協会（IIF），国際決算銀行（BIS）および国際通貨基金（IMF）が定期的に発表しているほか，中国人民銀行および中国国家資産債務研究センター（CNBS）も公表している。特に CNBS は債務データの中身を吟味しており，中国のリアルなマクロレバレッジの現実に近い

質の高いデータを持つと評価されている。そこで，本稿では，CNBS のマクロレバレッジデータを用いて，中国の債務規模の現状とその特徴を時系列的に示しておこう。

　図表 1 は中国における各主要部門の債務比率の推移を示している。これによると，2008 年の世界金融危機をきっかけとして，中国の債務規模が大きく拡大していることがわかる。

　中でも非金融企業部門は最大の債務部門であるが，近年では家計部門と政府部門よりも債務比率の上昇率が低下している傾向にある。家計部門の債務比率は 1993 年の 8.3％から近年では 60％台に急上昇し，2022 年には 62.4％となった。政府部門（中央政府と地方政府の合計）の比率も新型コロナウイルスの対策もあって，19 年の 38.5％から 22 年には 49.7％と大きく上昇しているが，上昇の幅は家計部門の方が大きい。

　次に中国の家計部門の債務規模の特徴とは何かについて，図表 2 を用いて，日本，米国およびインドと比較して考えてみたい。それによると，2007 年以降，米国の家計債務比率がほぼ一貫して低下しているのに対して，中国のそれは急速な上昇を見せている。このことは裏を返せば，米国とは違って，中国の家計では収入よりも債務の増加幅が大きいということに他ならない。

　また，その債務の増加率を反映して，中国の家計債務比率はすでに日本にほぼ匹敵しており，インドの倍以上の水準にある。米国のサブプライムローン問

図表 1　中国の部門別債務比率の推移

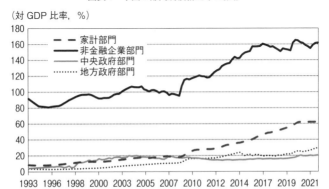

（出所）中国国家資産債務研究センター，2022 年 9 月末までのデータ

図表 2　家計債務の国際比較（債務/GDP）

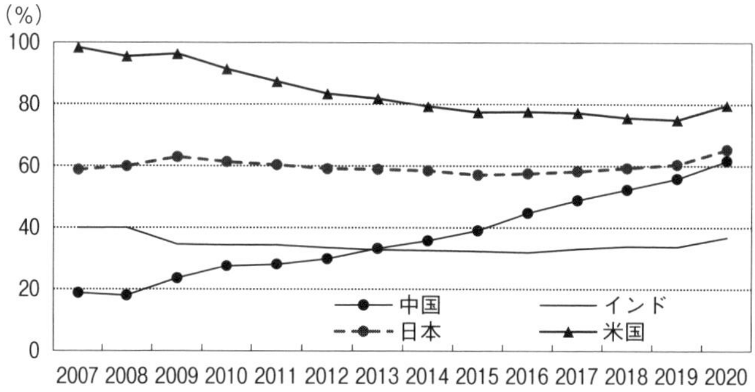

（出所）IMF データベースより作成

題は家計部門全体の債務規模が大きい上に，その中での債務比率が低所得者層
ほど高いことに起因したことを想起すると，所得・資産の格差が大きい中国の
家計債務の増加傾向は懸念されるべきである。実際，IMF（2022）[1] によると，
コロナ禍の 2020 年に新興国の中で中国の家計債務の増加幅は年収の 5.7％に
相当し最も大きいが，特に低所得世帯の債務増加幅が大きいと指摘されてい
る。

　次に，なぜ中国でこのように家計債務比率が急上昇してきたのか，どんな債
務がそれをけん引しているのかについて，マクロデータからその債務構造を明
らかにしてみたい。家計債務は，主に金融機関による借入金となっており，期
間別にみると，短期債務および中長期債務に分けることができる。また債務の
用途別で見ると，消費性および経営用債務に分類されている。そのため，家計
部門の債務は，経営債務（短期，中長期），消費債務（短期，中長期）という
ように，用途別・期間別で分けられる。このうち，短期消費債務はクレジット
カードやネット消費ローンなど，中長期消費債務は自動車ローン，教育ローン
または住宅ローンなどである。

　図表 3 によると，中長期消費債務残高は 2007 年の 2 兆 9633 億元から 22 年
10 月末には 46 兆 5621 億元と 43 兆元を超える増加幅で，家計債務残高の 6 割

1　https://www.imf.org/external/datamapper/HH_LS@GDD/SWE/CHN/IND/JPN/USA

図表 3　家計の消費・経営債務の期間別推移

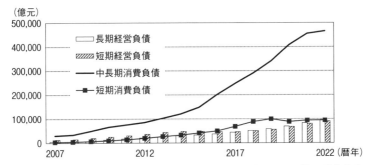

（注）中国人民銀行による家計部門の債務は経営債務（短期，中長期），消費債務（短期，中長期）に分類され，短期消費債務はクレジットカードやネット消費ローンなど，中長期消費債務は自動車ローン，教育ローンまたは住宅ローンなどである

（出所）中国人民銀行データベースより作成

以上を占めるようになった。こうした中長期消費債務の急増が，中国の家計部門の債務構造の大きな特徴と言える。

　この背景には，2000 年代以降の中国経済が産業構造の大きな変化，すなわち製造業からサービス産業への転換過程に入っていたことがある。第 3 次産業のシェアは 2002 年に 42.3 ％であったが，20 年には 54.5 ％へと大きく上昇し，銀行部門も次第に第 3 次産業と家計部門への貸出にシフトしたのである。特に住宅市場価格が上昇し続けたことを背景とした住宅ローンが急伸し，個人向け与信残高の 75.5 ％を占めるまでになった（唐成 2021）。

3.　ミクロデータから見た家計債務の現状と特徴

　マクロデータでは，中国の債務規模が拡大し続けている中で，住宅ローンを中心とした家計債務の伸びが顕著であるとの特徴が見て取れた。そこで，ミクロデータからもその特徴を捉えてみたい。

　家計債務のミクロ指標として，一般的に家計の資産債務率（債務残高／資産残高）や債務残高／可処分所得など，家計の相対的な債務比率が用いられる。また，ミクロデータを用いたメリットとして，個々の世帯レベルでその債務水

準を観察し，家計の属性などの特徴がどのような影響を及ぼしているのかを知ることができる。一般的に世帯間の所得格差が大きいほど低所得層ほど債務が多く，過剰債務に陥ることが多いと考えられる。他方，国によって個々の家計債務の基準が異なることがあり，必ずしも国際比較を行うのは容易ではない。

本稿では，中国の代表的な家計調査データベースである西南財経大学が実施している中国家庭金融調査（China Household Finance Survey，以下，CHFSと呼ぶ）データ（隔年，有効サンプルサイズ約3万5000世帯）を用いて，家計債務の現状を明らかにしてみたい。なおCHFSは層化3段と確率比例サンプリング方法（PPS sampling）が用いられ，新疆ウイグル，チベット自治区を除く29の省（直轄市，自治区）で実施され，県・郷（鎮）・村の行政レベルまでカバーされる代表的なサンプル調査である。調査項目は世帯の全構成員に関する人口統計学的特徴，財産，収入と支出，社会保障や公的・商業保険への加入状況，住宅情報などが含まれている。例えば，CHFS 2019 は CHFS 2017の有効なサンプルサイズ4万11世帯をもとに追跡調査を行い，3万4691世帯の10万7163人の個人情報が得られている。その調査範囲は29省の345の県，1359の村にも及んでいる（唐 2021）。

3.1 家計債務の地域格差〜東部ほど規模大きい

まず，ミクロの視点からも中国の家計部門の債務規模が拡大し続けていることが確認できる。この10年間のミクロデータ（図表4）を見ると，家計の平均債務規模は2011年の2.71万元から2019年には5.95万元へと，10年間で3.24万元増えており，年平均増加率は12%で，全期間の増加幅は119.6%であ

図表4　家計債務の全国平均及び地域別の債務水準（元）

年	全国	東部	中部	西部
2011	27,054	32,151	27,147	12,668
2013	31,303	32,954	25,560	32,453
2015	43,500	48,951	34,955	38,366
2017	45,737	49,480	38,264	43,588
2019	59,481	66,987	44,185	55,438

（出所）CHFS データ 2011〜19 年より

る。また，東部，中部および西部という地域別の債務規模を見ると，東部地域の家計債務規模は全国の平均水準より高く，債務規模は 2011 年の 3.22 万元から 2019 年には 6.70 万元へ増加しており，年平均の増加率は 10.8％で，全期間の増加幅は 108.1％である。

　これに対し中部地域の家計の平均債務は 2011 年の 2.71 万元から 19 年の 4.42 万元となっており，年平均の増加率は 6.31％で全期間の増加幅は 63.1％にとどまっている。また西部地域の家計の平均債務は 11 年に 1.27 万元であったが，13 年に中部の水準を超えて，19 年に 5.54 万元へと急拡大しており，年平均の増加率は 26.47％で，全期間の増加幅は 264.7％にも達している。総じて言えば，東部地域の債務規模が最も大きいが，増加率は西部地域が最も高く，その債務規模はすでに中部地域を超えて，東部地域に接近しつつある。

3.2　所得が高いほど家計債務も多い～住宅投資が主な要因

　次に家計債務と家計の属性の関係を考察すべく，ここでは家計所得を 5 段階に分けて，それぞれの家計の純資産残高，債務残高，住宅債務，持家戸数を比較してみたい。図表 5 によると，最も所得の低い層は純資産残高，住宅債務，持家戸数のいずれもが最も低く，所得が上がるにつれて，それぞれ増加する傾向にある。特に，最も所得の高い層の家計の指標がいずれも一気に跳ね上がっており，ほかの所得層から飛び抜けて高いことがわかる。例えば，持家戸数については，下位 20％以下の所得階層は 0.98 戸で，純資産残高は 27 万 9370 元

図表 5　所得階層別の家計の純資産・債務残高，住宅債務，持ち家戸数

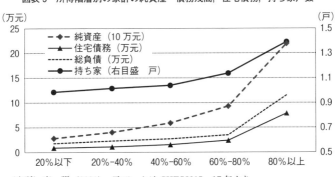

（出所）唐・張（2021），元データは CHFS2015～17 年より

しかなかったが，上位20％以上の所得階層は1.38戸で，219万2220元を保有
しており，資産格差が大きいことがわかる。

　同様に，家計債務残高も前者が1万7803元なのに対し，後者は11万5371
元と大きく，その債務残高に占める住宅債務の比率も前者の49.7％に対し，後
者は68.0％と高い。このように，CHFSのパネルデータでは，主な家計債務は
住宅債務であり，持家戸数とともに増加することが示され，所得と債務との間
に正の相関関係が確認される。言い換えれば，家計債務の増加は主に中位所得
層以上の家計による住宅投資への結果であると言える。

3.3　コロナ禍で家計債務はどのように変化したか

　さらに，コロナ禍の家計債務はどのような変化が起きているのかを観察して
みたい。図表6は2020年第1四半期から22年第3四半期までの家計債務の変
化を所得（年収）階層別に，それぞれの変化を示している。各所得階層の債務
はおおむね同じ動きであるが，どちらかと言うと低所得者層ほど債務の伸び率
が高くなる傾向にあると言える。この背景には，家計債務では住宅ローンが大
半を占めているが，21年以降，住宅価格が低下傾向にある中で，低所得者層
ほど住宅購入により積極的になったことがあると思われる。

　しかし2022年に入ると，低所得者層や年収5～10万元の低・中高所得者層
の債務の伸び率は急速に低下しており，逆に中・高所得者層は22年第1四半

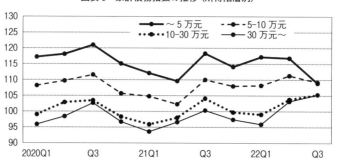

図表6　家計債務指数の推移（所得階層別）

（出所）西南財経大学中国家庭金融調査与研究中心（2022）『中国家庭財富指
　　　数調研報告2022-Q3』

期から借入が拡大しているのが特徴的である。このことは，新型コロナの感染拡大後，中国では経済活動や人々の行動制限などを伴う「ゼロコロナ」政策が続く中で，景気が徐々に悪化した結果，住宅購入を背景とした家計の債務行動にも，所得階層の間で異変が起きていたことを示唆している。

4. 家計債務は中国の構造問題にどのような影響を及ぼすのか

これまでマクロデータおよびミクロデータを用いて，急増する中国の家計債務の現状とその特徴を明らかにした。では，家計債務は中国の構造問題，すなわち経済および社会の両面にどのような影響を及ぼしていくのだろうか。

家計の債務行動に関する既存研究では，債務の増加要因と債務が家計におよぼす影響という2つの側面に分析の焦点を置くことが多い。このうち，家計債務の増加要因として，① 所得格差の拡大，② 住宅資産価格の上昇，③ 低金利政策による借入コストの低下，④ 金融監督当局による貸出市場への規制緩和——など，4つの側面から明らかにされた。また，家計債務が家計にどのような影響を及ぼしているのかについては，既存の研究では消費と所得の水準に及ぼす影響に焦点を当てているが，まだ一致した結論は得られていない。ただ，マクロの視点に基づいた国別データや中国のミクロデータを用いた分析では，家計債務による所得不平等への影響や資産不平等を拡大させているという研究結果が一致している。

本節では，こうした様々な先行研究から得られたエビデンスをもとに，家計債務が今後の中国経済・社会に及ぼす影響について考察してみたい。

4.1　経済の構造問題として

中国の経済成長率は2012年を契機に，経済成長率は逓減傾向にあり，高度成長は終わりを告げた。高度成長の終焉の背景には，少子高齢化と経済構造のサービス経済化がある。そこで，中国は21年から「双循環」戦略を打ち出して，内需拡大（国内大循環）を進展させつつ，海外経済（国際循環）もうまく中国経済に取り込むという新たな発展戦略を推進している。つまり，この「双循環」戦略を通じて，中国の巨大な市場規模と国内需要の潜在力という強みを

生かして，国内経済を主要な経済エンジンとした新たな発展パターンをめざすことである。しかし，経済の構造問題の視点から，消費を拡大させていくうえで障害となる諸課題への取り組みが重要であり，その1つが家計債務問題である。

　家計債務はマクロ経済や金融システムにどのような経路を通じて影響を及ぼすのかについて，IMF（2017）はバランスシートとキャッシュフローの両面から考察している。

　まず，バランスシートの第1段階では，家計の債務水準が高すぎると，債務不履行や自己破産が引き起こされやすくなり，銀行は信用拡大から信用収縮へシフトする。その次に，住宅市場および資本市場の資産価値が下がり，家計の住宅資産と金融資産の価値の評価額が圧縮されていくという。そして，次の第2段階では，悪化した家計のバランスシートは，家計債務の不履行や自己破産を加速させていくのである。

　次に，キャッシュフローの第1段階では，家計のデレバレッジは総需要を減少させ，実体経済における企業投資や雇用にマイナスの影響を与えるため，家計所得を低下させていく。そして，第2段階では，家計所得が減少したため，家計の消費需要が一層抑制される。このように，家計債務は家計行動を通じて，マクロ経済および金融システムに負の影響を及ぼしていくことがわかる。

　他方，実証研究では，家計債務の拡大は短期的に消費を通じて，経済成長にプラス効果が働くが，中長期的にマイナス効果を及ぼすエビデンスが多く見られている。例えば，Lombardi et al.（2017）が指摘しているように，短期（一年未満）の場合，債務の増加は消費および経済成長を促進するが，長期的には家計の債務規模の対GDP比率が1％増加すると，経済成長率を0.1％引き下げる効果がある。また，家計の債務規模がGDPの60％以上を占めると，長期的には消費支出にマイナス影響を及ぼして，80％以上であれば，経済成長率を引き下げるという限界効果が働くというのである。Cocco（2005）も家計部門の債務比率がGDPの60％以上を占めると，消費および経済成長にマイナスの効果を与えると指摘している。

　Mian et al.（2017）は1960年から2012年までの30カ国のパネルデータを用いて，家計債務と景気サイクルの相関関係も解明している。それによると，

家計債務の拡大が3年未満であると，個人消費を増加させ，経済成長率を上昇させるものの，その効果は一時的なものであるとしている。家計の債務水準が長期的に拡大していくと，経済成長率を低下させるとしており，国際的にみると高い家計債務率を経験した多くの国では，その経済成長が鈍化している。また，IMF（2022）は民間債務の対GDPの上昇幅が安定的なトレンドの水準を超えたことを過剰与信と定義した上で，その比率が1％変化すると，5年後に先進国の民間消費は持続的に0.5％低下し，新興国及び発展途上国は2％まで持続的に低下すると推測している（図表7）。

　中国の先行研究においても，数は少ないものの研究結果は海外とほぼ同じである。すなわち，拡大し続ける家計債務は住宅ローンや消費債務などを通じて，短期的には消費と生産の両面から国内景気がけん引するが，長期的には家計が過剰な債務を抱えると，経済成長が抑制されるというほぼ一致した結論を示している。このほか，金融の脆弱性の視点から，純資産や所得の低い世帯まで多くの債務を抱えることになれば，家計部門の信用リスクを増大させて，金融リスクの高まりをもたらすことが考えられる。

　中国の家計債務はすでにGDPの60％を超えており，しかもその伸び率が高いことから，今後の経済成長に大きな影響を及ぼすことが予想される。上記の先行研究からも示唆されているように，増大する家計債務は家計消費のさらなる拡大を抑制し，経済成長率を低下させていく可能性がある。同時に，悪化する家計のバランスシートが金融の安定性を損ない，中国の金融システムのリス

図表7　家計の過剰な借入による消費への影響

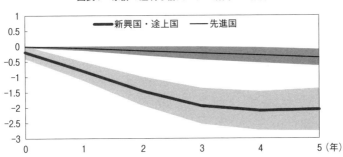

（出所）IMF（2022）. "World Economic Outlook: War Sets Back the Global recovery." pp.53, April.

ク要因として浮上する可能性があることが示唆される。

4.2 社会の構造問題として～離婚率の上昇との関係

以上のように，増大し続ける家計債務は今後の中国の経済成長率に影を落とす可能性があるだろう。また，家計債務が大きいと家計の返済負担も大きくなり，返済困難に陥る世帯の増加が，家計および社会全体の問題としても負の連鎖をもたらすと思われる。ここでは，家計債務が社会の構造問題として，どのような影響を及ぼしているのかを，離婚と家計リスクという2点に焦点を絞って考察してみたい。

中国の構造問題の1つに少子高齢化がある。国家統計局によると，2022年末の総人口は14億1175万人で，21年末から85万人減少した[2]。21年に政府は産児制限を事実上廃止したにもかかわらず少子化に歯止めがかからない。この背景には，養育費の高さから出産をためらう夫婦が少なくないことや，結婚率の低下と離婚率の上昇など，様々な要因があると考えられる。

特に中国の離婚率はいまや欧州諸国や日本や韓国を抜き去り，国際的に高い水準にある。図表8は2010年代以降の中国の家計債務率と離婚率の推移を示しているが，離婚率はほぼ一貫して上昇し続けている。

2019年の離婚件数は470万組で，離婚率は3.4‰にのぼった。また，この図

図表8　家計債務率と離婚率の推移

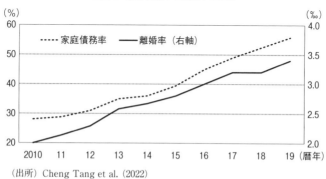

（出所）Cheng Tang et al. (2022)

表からも離婚率と家計債務の比率は密接な関係があると言える。Tang et al.（2022）は北京大学家庭追跡調査（2010〜18年）のデータを用いて，家計債務が離婚率の上昇に影響を与えていることを明らかにしている。

　図表9は，サンプルにおける家計債務と世帯主の離婚行動の現状を表している。それによれば，家計債務がある世帯主の離婚率は2.84％（CFPS2010-2018年，1万4646世帯），家計債務がない世帯主の離婚率は2.53％（同，3万6941世帯）だった。

　つまり，家計債務がない夫婦と比べて，家計債務がある夫婦の離婚率は高い。同実証分析によると，家計の債務規模が1％上昇すると，離婚率は0.04％〜0.05％が上がるという分析結果が得られている。

　家計債務が離婚率に影響を及ぼす背景には，家族の幸福度と密接な関わりがあるからである。例えば，李ほか（2015）は家計債務率が1％上昇すると，家族の幸福度が0.5％低下するという実証分析の結果を導出している。また，陳ほか（2017）は家計債務が家族間の不安や憂鬱，さらに自殺願望を引き起こしやすく，肉体的および精神的に悪影響を与えるという指摘をしている。

　祝夏（2018）は，中国の家計は儒家の伝統文化の影響を受けており，債務を抱えることはやむを得ない家計行動だと捉えており，高すぎる家計債務は家族間のストレスを増加させ，家計生活の幸福度を低下させることを示唆している。したがって，家計債務が家計の離婚選択行動に影響を及ぼしており，家族に対して負の影響を与えるだけではなく，社会にとっても不安な要素になりかねない。

図表9　債務と世帯主の離婚率

	債務なし	債務あり
世帯主の離婚率	2.53％	2.84％
N	36941	14646
Diff	0.31％** (0.0016)	
T Value	1.97	

（出所）Cheng Tang et al.（2022）元データ「北京大学家計追跡調査 CFPS 2010-2018」より

4.3 家計リスクの現状とその特徴

　家計リスクは経済の視点から次のような側面，すなわち，① 収入の減少，② 支出面の拡大，③ 高齢化や労働力の喪失，④ 自然災害などの外部ショック——という4つの側面に分けられる。このうち，支出面のリスクとして，過剰な債務を抱えてその返済に困り，現状の生活維持が困難となるという過剰債務が1つ重要な要素である。同じCHFSのデータを用いて，中国の家計リスクの現状およびその特徴を明らかにしてみる。

　図表10のように，年代階層別でみると，若い世代は相対的に大きな債務を抱えている。また，図表11から，債務収入の比率で見た家計の過剰債務比率は2011年に0.1393％であったが，その後も高止まりしていることが分かる。同じく唐・張（2021）はCHFS2015年および2017年の2時点で観測された同一の世帯を選択した上で，総負債の対純資産比率が1を超過，すなわち過剰負債のある家計の割合は13.9％から21.2％まで増加していると指摘している。このことから，今後住宅価格がさらに下落すれば，住宅ローンの支払いが打ち切られて，特に若い世代では債務の不履行や住宅ローンの破たんリスクが高まっていくことが考えられる。

　他方，家計の経済リスクを，バランスシートの脆弱性から貧困の脆弱性，そして自己破産の脆弱性という3段階の脆弱性に分けてみると，多くの家計はすでにいずれかの脆弱性に直面していると言える。

　特に図表12で示しているように，家計の破産リスクも高まっている。中で

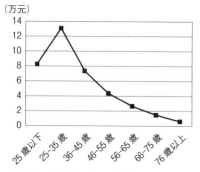

図表10　世帯主の年齢層別債務増額

（万元）

（出所）CHFS2015-2017年より

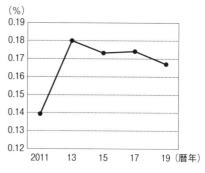

図表11　過剰債務の平均世帯率の変化

（％）

（出所）CHFS2011-2019年より

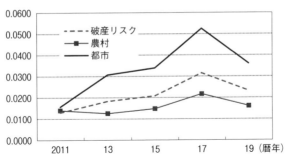

図表 12　家計破産リスクの推移

(注) 破産リスクはいわゆる「資不抵債」の場合，家計の資産総
　　　額＜債務総額と定義する
(出所) CHFS2011-2019 年より

も，農村世帯の破産リスクは都市世帯より低いものの，近年は徐々に高まって
いることもわかる。この背景には，デジタル金融の発展により，農村地域の家
計にとって，借入制約が緩和された結果ということがある。

　以上のように，増大する家計債務は今後の中国経済の成長率を抑制し，金融
の安定性にリスクを及ぼすだけではなく，家計離婚率の上昇や過剰な債務を抱
えて，重い返済負担や自己破産などの家計におけるリスクの増大，ひいては社
会全体の問題を引き起こしていくことが懸念されるべきである。

5.　おわりに

　2010 年代以降の中国経済は，少子高齢化の進行や経済のサービス化などと
いった経済構造の変化が影響して高度経済成長が終焉し，経済構造の転換期に
入っている。その中で，中国経済が抱える債務規模は世界的に見ても高い水準
で増加し続けており，今後の経済成長の鈍化や金融全体のシステミック・リス
クを顕在化させかねない。とりわけ，家計債務はその規模とともに伸び率が高
く，もし家計の過剰債務問題が深刻化する実態となれば，金融の不安定性が高
まり，資産バブルが崩壊して信用収縮という負のショックが加わりかねない。
となれば，企業の倒産や失業の急増，住宅市場の崩壊などといったように，中
国の実体経済や社会にも大きなダメージが生じかねない。

本稿では，まずこうした家計債務の現状をマクロおよびミクロの両面から分析し，その特徴を明らかにした。すなわち，中国の家計債務の水準は一貫して拡大し，高い増加率を示しており，その債務構造は住宅ローンを中心とした中長期消費債務である。また，地域別でみた場合，西部地域は最も高い伸び率を示すとともに，その債務規模はすでに中部地域を超えて，東部地域に接近している。さらに，家計の属性からみると，高所得層，あるいは若い世代ほど多額の家計債務を負っていると言える。そして，「ゼロコロナ」政策を背景として，家計債務は所得階層の間で，それぞれ異なる変化が起きている。

次に，家計債務の膨張は今後の中国の構造問題として，経済および社会にどのような影響を及ぼして行くのかについては，先行研究のエビデンスを整理したうえで，考察してみた。その結果，家計債務は中長期的に消費支出を抑制し，中国経済の経済成長率を低下させ，金融の安定性にも大きなリスク要因として浮上する可能性がある。また，家計債務は離婚率の上昇，家計が過剰な債務に陥るリスクや破産リスクが高まると言える。

このため，家計債務を抑制し，家計の債務負担を軽減していく政策の実施も不可欠である。特に，家計債務の大半は住宅ローンであることから，高騰してきた住宅価格を抑制していくことが最も重要なことであろう。実際，2021年9月から中国の住宅価格は低下し始めており，家計債務の軽減という意味では望ましい。他方，多くの地方政府は住宅価格の下支えの政策として，住宅値下げ制限や銀行融資の拡大，補助金の拡大などを打ち出している。このような政策は住宅市場を安定化させ，資産価値の大幅な下落を防ぐという点で評価すべきであるが，08年の「リーマン・ショック」以降のように，住宅価格を押し上げるような刺激政策になることを避けるべきである。いずれにしても，高すぎる住宅価格を緩やかなに低下させていく方策の実施が求められる。そのため，住宅市場の投資と投機を抑制しつつ，実需向けの住宅建設の促進策の推進や「土地財政」からの脱却，住宅市場に頼らない経済成長などの構造改革が不可欠である。

また，過剰な債務を軽減させるだけではなく，家計の債務構造を改善する必要もあり，特に信用力が低い層での家計債務の拡大を抑制する政策も不可欠である。唐（2021）が指摘したように，金融リテラシーの低い家計は過剰負債問

題を引き起こしやすいことから，金融リテラシーを高める普及活動は，家計の健全な借入行動を促すことで，住宅ローン市場ないし金融市場全体のリスク低減にもつながる重要な方策であることを示唆している。

［参考文献］

唐成，張誠（2021）「金融リテラシーと中国の家計の借入行動—CHFS データを用いた実証研究—」『アジア経済』Vol 62: 3, 4-24 頁。

唐成（2021）『家計・企業の金融行動から見た中国経済—「高貯蓄率」と「過剰債務」のメカニズムの解明—』有斐閣。

Atif, Mian., Sufi, Amir and Emil Verner（2017）. "Household Debt and Business Cycles Worldwide." *Quarterly Journal of Economics*, 132（4）: 1755-1817.

Cheng, Tang., Cheng, Zhang and Guo Yiling（2022）. "Does Debt Affect Divorce? -An Empirical Study of China Household Based on CFPS Data." International conference on Microfinance（Taizhou）, December.

Cocco, João F., Gomes, Francisco J. and Pascal J. Maenhout（2005）. "Con sumption and Portfolio Choice Over the Life Cycle." *Review of Financial Studies* 18: 491-533.

IMF（2017）. "Global Financial Stability Report October 2017: Is Growth at Risk?" pp. 1-138.

IMF（2022）. "World Economic Outlook: War Sets Back the Global Recovery." pp. 1-199.

Lombardi, Marco Jacopo, Mohanty Madhusudan and Ilhyock Shim（2017）. "The real effects of household debt in the short and long run." BIS Working Papers 607.

陳屹立（2017）「家庭債務是否降低了幸福感？——来自中国総合社会調査的経験証拠」『世界経済文汇』第 4 期，pp. 102-119。

李江一，李涵，甘犁（2015）「家庭資産－負債与幸福感：“幸福－収入”之謎的一个解釈」『南開経済研究』第 5 期，pp. 3-23。

祝偉，夏瑜擎（2018）「中国居民家庭消費性負債行為研究」『財経研究』第 44 巻第 10 期，pp. 67-81。

第 **8** 章

世代交代進む中国の IT 企業
——政府規制で転換期，新たな成長を模索

ジャーナリスト，千葉大学客員准教授

高口　康太

◉ポイント

▶「インターネット＋保育園」「インターネット＋コーヒーショップ」など，中国
では様々なビジネス分野で IT サービスを構築し，自社事業の中核に位置づける
IT 企業化が推進している。

▶ IT が偏在する社会となった転機は 2010 年代にあった。モバイル・インター
ネット，ベンチャーマネー制度の整備，企業支援政策が同時並行的に導入された
結果，IT 分野で中国独自のイノベーションが次々と生み出され，中国社会を変
えるとともに，他国でも模倣例を生み出す影響力を持つにいたった。

▶ 2020 年代に入り，中国の IT 企業は再び転換点を迎え，苦しんでいる。その要
因は短期的には中国政府による各種規制の影響が大きいが，中長期的には新たな
ビジネストレンドに対応した事業がまだ目に見える成果を挙げられていない点に
ある。

◉注目データ ☞　　中国のデジタル経済の規模

（出所）中国信息通信研究院（2018），中国国務院報告書をもとに筆者作成

1. 中国の IT 企業とは何か

1.1 偏在する IT 企業〜カンガルー・ママの例

　中国の IT（情報技術）企業とは何か？　このシンプルな問いに答えるのは
意外にも難しい。IT 企業とは広義にはコンピューターに関連するサービス，
ソフトウェア，ハードウェア，ソリューションなどを提供する企業を指すが，
中国では IT とはおよそ無縁の企業であっても，情報技術こそが自社の核心的
競争力だ，と主張しているケースが多い。

　一例をあげよう。カンガルー・ママ（袋鼠麻麻，上海市）は 2016 年創業の
託児所運営企業だ。23 年 1 月時点で上海市に 11 カ所の託児所を展開している。
IT とはまったく関係がなさそうな会社に思えるが，同社の紹介には「カンガ
ルー・ママは保育＋インターネット技術の深い結合により，ご家庭とともに子
どもを育てる成長啓蒙の楽園を作ります」とある。

　カンガルー・ママは独自のスマートフォン・アプリによって子どもたちの状
況をリアルタイムで保護者に伝えることを売り物としている。今は何をしてい
るのか，本日予定されている授業は何か，オプションコースの予約など，保護
者が必要な情報や手続きがすべてアプリからアクセスできる。中国では託児所
への信頼が低く，子どもが粗雑に扱われているのではないかという不安を持つ
親は多い。保育所に預けずに祖父母世代に子育てを任せるというケースが多い
なか，IT 技術の活用によって信頼を得て顧客獲得につなげる試みだ。

　インターネット幼稚園を標榜するのは同社だけではない。香港・艾楽教育集
団は「インターネット思考の艾楽はインターネット・スマート幼稚園チェーン
の最前線を走ります」をキャッチコピーに，リモート授業，幼稚園管理アプ
リ，教師求人サイトなどのサービスをセールスポイントとしている。

　日本の託児所や保育園でも近年では様々なデジタルソリューションが導入さ
れるようになったが，中国はそのペースが速いだけではなく，システムを内製
化し競争力のコアに位置づけるケースが多い。それゆえに本来は IT とは無関
係な分野であっても，IT 企業を自認している企業が多数見受けられる。

1.2　IT が導いたラッキンコーヒーの成功

　こうした，意外な IT 企業の代表例はカフェチェーン大手の瑞幸珈琲（ラッキンコーヒー）[1] だろう。アプリ限定でのキャッシュレス販売，デリバリー中心の小型店舗中心という独自のモデルで，2017 年の創業から 1 年半で上場，2 年で中国市場における店舗数で米スターバックスを超えるという爆発的成長を果たした。

　1 杯からでも配達するというデリバリー中心のビジネスモデルが注目を集めたが，同社の核心的な競争力は IT にある。顧客はスマートフォン・アプリをインストールしなければ注文できないが，その結果，ラッキン側は個々の消費者の詳細な購買データが入手できる。

　そのデータを分析することで個々の消費者に最適のタイミングで，来店を促すクーポン配布や新商品の告知を送れるようになり，マーケティング費用の削減につながった。公式サイトの企業紹介には「テクノロジーこそ私たちのビジネスの中核であり，ビッグデータ分析と AI（人工知能）の活用により，膨大

ラッキンコーヒーの店舗（上海市内）

1　同社についての詳細は髙口康太「あの"やらかし"企業の復活は本物か？」Newspicks，2021 年 9 月 1 日を参照

な量のデータを解析してシステムを継続的に改善しています」とある。コーヒーの品質や店舗での体験よりも，テック企業としての説明に文字数を多く割いているのが印象的だ。

　ラッキンコーヒーは2020年6月，上場から1年あまりで粉飾決算による上場廃止に追い込まれた。積極的な出店とシェア拡大のためのクーポン配布によって赤字がかさんだ状況を隠蔽しようとしたためで，この粉飾決算で同社の成功は虚構であり，安売りでシェアを伸ばしていただけとの見方も広がった。この後のラッキンコーヒーについては日本でもほとんど報道がないため「終わった会社」という印象を持っている人も多いだろう。

　ところが同社はその後，奇跡的な回復を果たしている。コスト削減，新製品投入による客単価の上昇などの施策を経て，2022年第1四半期以降は黒字に転換し，店舗数は7846店舗と，6000店舗台のスターバックスを大きく突き放している。

　マスメディアを通じたマーケティングではなく，ITを通じて独自に顧客接点を持つこと。これは，中国では「プライベートトラフィック」（私域流量）と呼ばれるマーケティング手法だ。外部広告を指す「パブリックトラフィック」（公域流量）への依存度を避けるために近年，重視されるようになった概念だが，ラッキンコーヒーはその先駆けとも言える。興味深いのはプライベートトラフィックに囲い込んだ顧客をマネタイズする手法だ。同社のアプリにはEC（電子商取引）機能が付与されており，パソコンから高級時計，マッサージ器，ゲーム機まで，コーヒーショップとは無関係の商品が販売されている。集めた顧客を有効活用しようという発想だ。日本の感覚からするとあまりに不思議な手法だが中国では珍しくない。こうしたプライベートトラフィックやデリバリー重視といった手法は他のコーヒーチェーン，飲食チェーンにも広がっている。

1.3　土地収用や農民管理にまで活用〜日本では例のないソフトウェアが続々

　意外なところにITが……という例で，筆者が驚いたプロダクトが「土地収用管理SaaS」，つまりは地上げ管理ソフトウェアだ。中国ではすべての土地は国有地である。そのため，都市開発では政府が一度，土地を収用した後，オー

クションによって民間企業に払い下げる方式が一般的だ。この土地収用をいかに円滑に行えるかは政府にとっては大きな悩みだ。一般市民にとって最大の財産である住宅を手放すのだから，なるべく売値を引き上げたいのが人情。自然と交渉は難航する。また，補償金を支払うほかにも代替の住宅を提供するという選択肢もあるが，条件のいい住宅を巡って住民同士の争いが起きるなど悩みの種はつきない。デモやストライキ，抗議集会などを中国では「群体性事件」と呼ぶ。胡錦濤政権（2002〜12 年）の最盛期には年 10 万件も発生していたが，土地絡みの紛争は相当数を占めていた。いかに住民の不満なく，かつ円滑に土地収用を行うかは大問題というわけだ。

　そこで登場したのが「土地収用管理 SaaS」である。対象地域の住宅や住民に関する情報を網羅し，どのように交渉が進み，いくらの補償金で決着したのかという情報が統合されている。さらには代替住宅の物件も一覧できるようになっており，現場でスマホやタブレットを使って対象地域の住民に情報を見せることもできる。複数の住民が同じ代替住宅を選んだ場合には，誰が権利を得るかを決める抽選機能まで付いているという，手のこみようだ。

　こうした土地収用管理 SaaS は複数の IT 企業が開発している。それだけの市場があるのは中国が広大で盛んに都市開発を行っているためではあるが，それだけではない。ともかく，すべてをデジタル化するべき，そうしたほうが良いとの偏執的なレベルの通念が企業，そして政府にも共有されているためだ。

　B2G（Business to Government，政府向け）と呼ばれるデジタルソリューションは近年，成長著しい分野だ。地方政府の基幹システムや，チャットやドキュメント共有などのオフィスコラボレーションツールというわかりやすいものから，「AI 監視カメラを活用した屋台摘発ソリューション」「農村における村民管理システム」「中国共産党支部の学習会参加・党費徴収の管理システム」といったユニークなものまで，多様なプロダクトが販売されている。

1.4　すべての分野をデジタル化する「数字中国」

　さて，ここまで取りあげた事例で共通するのが，ここ 10 年近く中国の政府，企業で広く使われている「インターネット思考」「インターネットプラス」というコンセプトだ。

〈BOX：デジタル経済統計の難しさ〉

あらゆる場所にITが入り込んでいる中国。そのデジタル経済の規模はいかほどだろうか。中国政府によると，2021年で45兆5000億元（約860兆円）と，対GDP比で39.8%に達したという[2]。日本の内閣府総合研究所は18年のデジタル経済付加価値額を41.4兆円，GDP比で7.5%と推定している[3]。日中は規模で約20倍，GDP比では5倍と圧倒的な開きがある。

図表1　デジタル経済のGDPシェア

（出所）中国信息通信研究院（2018）をもとに筆者作成

もっともこの数字には統計の罠が隠されている。デジタル経済の測定は現時点で国際的に共通するルールはない。日本は「デジタル基盤産業・サービス業」「同・製造業」「仲介プラットフォームに依存する企業」「デジタル仲介プラットフォーム」「ECリテイラー（小売業）」「デジタル専業金融・保険業」に限定して付加価値を算出している。一方，中国はデジタルソリューションを活用する各種産業までを広く統計に入れている。

中国政府系のシンクタンク，中国信息通信研究院の統計はデジタル経済の付加価値を情報通信産業と応用部分に分けて集計しているが，応用部分，すなわちデジタル幼稚園などの付加価値の方が圧倒的に大きい。同シンクタンクは2022年に国際比較の報告書を出しており，それによれば日本のデジタル経済のGDP比は先進国平均（55.7%）で中国よりも高いという[4]。明らかに体感とはあわない

2　中国国務院新聞弁公室「携手構建網絡空間命運共同体白書」2022年11月7日
3　「デジタル経済の成長，なぜ緩慢　18年GDP比は7.6%」日本経済新聞，2022年6月15日
4　デジタル経済に関する中国統計の諸問題については，三浦有史（2018）に詳しい

が，応用部分についてはまだ最適解がないだけに評価は難しい。

　どこまでがデジタル経済なのか。この問いで想起するのは，ある中国メディアの報道だ。IT 企業をリストラされた社員が軽食の屋台で糊口を凌いでいるという話だが，顧客にチャットに加入してもらいオンラインでの接点を持つプライベートトラフィックや，ドウイン（抖音，中国版 TikTok）で営業時間中はずっと生配信を続けることでオンライン集客に取り組んでいたという[5]。無料で使える一般的なアプリを使った，インターネット思考の屋台。これはデジタル経済なのや否や。答えはそう簡単には出なさそうだ。

　インターネット思考とは，ネット検索大手百度（バイドゥ）の創業者である李彦宏（ロビン・リー）氏が提唱したコンセプトで，「ネット産業とは異なるビジネスにたずさわっている場合でも，思考方式をインターネットの視点から考えるように企業家は変わらなければならない」ことを意味する。「インターネットプラス」はネットサービスの騰訊控股（テンセント）の創業者である馬化騰（ポニー・マー）氏が提唱したコンセプトで，「インターネット＋教育」「インターネット＋製造業」など，様々な事業分野にデジタル化と IT の手法を持ち込むべきという内容だ。

　これらの言葉は中国政府にも採用され，全国人民代表大会（全人代）の政治活動報告や5カ年計画でも使われている。第 14 期5カ年計画（2021〜25 年）では「インターネット＋公共サービス」「インターネット＋政務サービス」「インターネット＋監督」と3回の言及がある。政府もまたインターネットプラス，インターネット思考で動くというわけだ。

　ことほどさように，中国では IT は偏在している。企業ばかりか，政府までもが偏執的なまでの熱意を持ってデジタル化を推し進めている。内製化の比率も高く，どんな分野の企業も，チャンスがあれば IT 製品を販売する側に回ろうとしている。

　こうした全面的なデジタル化の進展を，中国政府は「デジタル・チャイナ」（数字中国）と標榜している。このデジタル大国において存在感を高めている

5　「辞掉互聯网大厂年薪 60 多万的工作，我去摆摊卖涼皮」財経十一人，2022 年 8 月 4 日

のが大手IT企業だ。ECのアリババ集団（阿里巴巴）やテンセント，世界的な動画アプリ「ティックトック」（TikTok）を擁する字節跳動（バイトダンス）など，世界屈指のIT企業はその祖業以外にも様々な事業を展開している。先の事例で言うと，就学前教育の分野ではバイトダンスが進出し，リモート教育や教育用タブレットなどのビジネスを展開していた（現在は2021年夏の学習塾規制を受け，ほぼ撤退している）。「インターネット＋コーヒー」の分野ではラッキンコーヒーの挑戦を受けたスターバックスはアリババと提携し，デリバリーやアプリ活用を推進している。B2Gソリューションの分野では華為技術（ファーウェイ）やアリババ，バイドゥ，テンセントなどクラウドビジネスを展開する大手企業がシェアを争う。

　以下，本稿では中国の大手IT企業がいかなる歴史的経緯をたどってこの地位を築いたのか，そしてかつてないほどの存在感を持つにいたったIT企業と中国共産党との微妙な関係について追っていく。

2.　模倣から創新へ──中国ITの展開

2.1　中国ITを支えた米国のアイデア，人材，マネー

　前節ではITが偏在する中国という現状を描いたが，いつから中国はこのような社会に変わったのか。その起点は決して古いものではない。

　例えば，B2C（消費者向け）のウェブサービスを見ると，2000年代の中国は米国で生まれたサービスを節操なく，模倣・輸入してきた。

　図表2は国際的な主要ウェブサービスと，類似の機能を有する中国国産サービスとを比較したものである。ほぼ1～2年のずれで中国国産サービスが立ち上がっていることがわかる。しかも表に記載した企業は主流サービスとして勝ち残ったものであり，実際には複数の模倣サービスが一挙に誕生し競争していた。

　この模倣は中国の専売特許ではない。ソフトバンクグループの創業者である孫正義氏は1990年代に「タイムマシン経営」なるビジネス手法を提唱していた。米国は世界でもっとも先進的なビジネスが行われている国であり，他の国とは時間差がある。ゆえに米国のビジネスをいち早く日本に持ち込めば成功す

図表2　中国のタイムマシン経営の例

	世界で先行したサービス	中国が追随したサービス
ポータルサイト	Yahoo!（1994年）	四大ポータル（網易, 新浪網, 捜狐網, 騰訊網）1997〜1998年
メッセンジャー	ICQ（1996年）, MSNメッセンジャー（1997年）	QQ（1999年）
EC	アマゾン（1993年）, eBay（1995年）	アリババ（1999年）
決済	Paypal（1998年）	アリペイ（2004年）
検索	グーグル（1998年）	バイドゥ（2000年）
旅行予約	ブッキングドットコム（1998年）	トリップドットコム（1999年）
動画	Youtube（2005年）	ヨーク（2006年）
SNS	マイスペース（2003年）	人人網（2005年）
	ツイッター（2006年）	ウェイボー（2009年）

（注）数字はサービス開始年
（出所）各種公開資料をもとに筆者作成

るという発想だ。

　中国にユニークな点があるとすれば，それは人材面における米国との深いつながりだろう。中国の高度人材の多くは留学や就職によって米国を中心とした海外に渡っている。中国経済の成長，そして「千人計画」（中国人および中国系外国人の高度人材を呼び戻そうとする計画）に代表される中国政府の取り組みもあるが，今なお高度人材の流出は続いている。中国政府は留学生の帰国率という数値目標を設定するなど，頭脳流出抑止を政策目標に掲げているとはいえ，米国に多数の中国系高度人材が存在することは中国にとってメリットでもある。人材プールや海外の最新技術，ビジネストレンドを察知するためのセンサーとしての役割を果たしているためだ。タイムマシン経営においても海外在住の高度人材は1つの武器となった。

　その代表例がバイドゥのロビン・リー氏である。リー氏は北京大学卒業後，米国の大学院に留学。検索サイト「インフォシーク」のエンジニアとして勤務した後，1999年に帰国する。その際，米国から持ち帰ったのがグーグルの核心的な検索システム手法とシリコンバレーのベンチャーキャピタルから出資された120万ドルの資金であった。

〈BOX：VIE スキーム〉

　海外の資金を受け入れた中国のベンチャー，または海外マーケットに上場した中国企業は本土では外資としての扱いを受け，特にメディアやオンラインゲームなどを中心にビジネスに制限をかけられるケースがある。海外からの資金を受け入れつつ，外資としての規制を回避する方便として生み出されたのが VIE（変動持分事業体）スキームである。

　関志雄（2016）の説明を借りれば，その仕組みは「① 事業を行う内資運営会社と，② 融資プラットフォームと海外上場の主体となる海外登記の持株会社に分割される上，外国投資家を含む持株会社の株主は，出資ではなく，子会社や一連の契約を通じて内資運営会社を支配し，その株主とほぼ同等の権利を享受している」となる。

図表 3　中国における VIE の仕組み

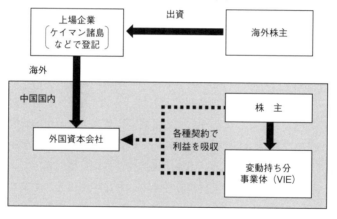

　ポイントは中国国内の事業会社と海外投資家が出資する外国資本会社の間に資本関係がなく，各種の契約により支配し利益を吸い上げていることにある。VIEスキームが「協議支配」とも言われるゆえんだ。これにより実質的には海外投資家が支配しつつも，事業会社は 100％中国独資であり外資規制を受けないという，玉虫色の事業体が完成する。

　もっとも VIE スキームを活用すれば，事業会社が完全に内資扱いされるわけではない。ある中国法務関係者は筆者の取材に，「VIE スキームで何が問題視さ

れるかは明文化されていない。それを知るためには法律法規を知るだけではなく，管轄当局との対話などで温度感を理解して判断する必要がある」と指摘している。まさにグレーゾーンというわけだ。

　外資規制回避を目的とした脱法スキームであることは明らかであり，いつかは中国政府が規制するともささやかれてきたが，多数の企業が利用する現状を変えるのは難しい。中国政府は立法中の海外上場管理法において許可制を導入した上で継続させる方針だ[6]。一方，当初は中国企業の上場は金融産業拡大にプラスだと歓迎ムードが強かった米国だが，近年は米証券取引委員会（SEC）が企業の情報が不透明だと批判するなど厳しい目を向けている。

　人材と資金は，ベンチャーの発展には欠かせない2つの要素だが，草創期の中国ITは米国に大きく依存していた。清華大学傘下のベンチャーキャピタル「タススター」の劉博総経理によると，中国のベンチャーキャピタルが大きく発展するのは2010年代半ば以降であり，それ以前は米国を中心とした海外の投資家が支えてきた。2000年に，孫正義氏が創業2年目の零細企業だったアリババ集団に出資したことはその代表例だろう。

2.2　2010年代の変動

　米国の模倣だった中国IT企業だが，2010年代に入り劇的な転換を遂げる。中国独自のアイデアを実現した，ユニークな企業が続々と登場するようになる。その背景には，「モバイル・インターネットの普及」という技術的転換，「リスクマネー投資ブーム」という金融的転換，「創業支援」という政策的転換がこの時期に集中したためと考えられる。

　移動通信インフラの構築では元来，先進国に遅れを取っていた中国だが，4G（第4世代移動通信システム）の導入は2013年末と先進国とほぼ同時だった。4Gはモバイル・ブロードバンドと呼ばれるが，スマートフォンを通じて1人1人の人間が常時，高速インターネットに接続している社会を実現した。

6　「中国の海外上場「VIE」，条件付き継続　米批判でも」日本経済新聞電子版，2021年12月25日

図表4 エンジェル，VC，PE投資に占める人民元とドルファンドの推移

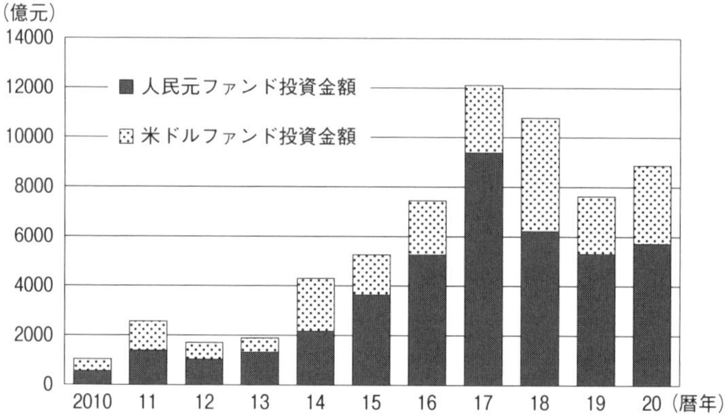

（出所）清科研究センター報告書「中国エクイティ投資市場の回顧と展望」各年
（暦年）版をもとに筆者作成

このインフラを活用してどのようなサービスを生み出せるのか，先進国の企業
に遅れることなく中国企業も試行錯誤に取り組むことができた。

　資金面でもこの動きを後押しするトレンドが起きた。「プライベート投資
ファンド監督管理暫行辦法」（2014年），「プライベートファンド管理人登記の
若干事項のさらなる規範化に関する公告」（2016年）などの政策的整備が進み，
中国ベンチャーは海外の資金に頼らずとも，中国国内で資金調達ができるよう
になった。

　そして，「双創」（大衆の創業，万民のイノベーション）と呼ばれる創業支援
政策が打ち出された。補助金や減税措置，さらにはコワーキングスペースの整
備といった支援策が国や地方政府によって推進されている。

　技術，金融，政策のトレンド転換が交錯した結果，中国ではイノベーティブ
なIT企業が次々と生まれていった。中国の大手IT企業としては20世紀末に
誕生したBAT（検索のバイドゥ，ECのアリババ，ゲーム・メッセージアプ
リのテンセントの頭文字を取った略称。アメリカのGAFAに比す）がよく知
られているが，2010年以降のモバイル・インターネット時代に誕生した企業
にも，BATと伍す実力を備えた大手が生まれている（図表5）。

図表 5　中国の主要な IT 企業

PC インターネット時代の成功企業			
企業名	創業年	主な事業内容	評価額
バイドゥ	2000 年	検索	470 億ドル
アリババ	1999 年	EC	3160 億ドル
テンセント	1998 年	ゲーム，メッセージ	3.75 兆香港ドル
モバイルインターネット時代の成功企業			
バイトダンス	2012 年	ニュース，ショートムービー	3000 億ドル*
メイトゥアン	2010 年	レストラン検索，デリバリー	1 兆香港ドル
シャオミ	2010 年	スマホ・IoT 製品の製造販売	3000 億香港ドル
ディディ	2012 年	ライドシェア	230 億ドル*
ピンドゥオドゥオ	2015 年	共同購入 EC	1200 億ドル

（注）＊印は非上場企業を指す。その評価額については各種報道資料を参照
（出所）証券取引所，各社公式サイトを元に筆者作成

2.3　モバイル・インターネット時代の新鋭たち〜ティックトック

　以下，モバイル・インターネット時代に生まれた中国発のイノベーションについて代表例を取りあげたい。日本でもよく知られているのがバイトダンスの動画アプリ「ティックトック」だ。

　そのイノベーションは「インタレストグラフ（興味関心）」にある。マシュー・ブレナン（2022）に詳しいが，従来のソーシャルメディアはユーザーが興味のある発信者をフォローし，その関係に基づいて新たなコンテンツが配信される。一方，ティックトックは新たなコンテンツが公開されると，小規模のユーザーに配信し，その反応から人気コンテンツとなる可能性があるか，どのような属性のユーザーに支持されるかを読み取り，拡散するアルゴリズムを採用している。フォロー関係に基づく従来型の仕組みが「ソーシャルグラフ」と呼ばれるのに対し，コンテンツそのものがどのような層からどれだけ関心を集めるかを評価するティックトックのような仕組みをインタレストグラフと呼ぶ。

　従来のウェブサービスはユーザーが検索やフォローといった能動的なアクションを取らなければコンテンツが入手できない，プル型のメディアであった。インタレストグラフの採用により，ただ消費しているだけで興味あるコン

テンツが次々と得られるプッシュ型のメディアへと変貌した。

　このインタレストグラフは動画サービス以外でも活用されている。バイトダンスが生み出した最初のヒットサービスはトップニュース（今日頭条）というニュースアグリゲーションサービス（複数メディアの記事を集約して配信するサービス）であった。また，現在は動画アプリにライブコマース機能を搭載することで EC にも進出している。

　ライブコマースは動画の生配信とネットショッピングを一体化させたサービスで，いわばスマホで見るテレビ通販のようなものだ。最初にライブコマースを成功させた企業はアリババだったが，2021 年時点でアリババの GMV（総流通額）5000 億元に対し，後発のバイトダンスが 8000 億元と逆転している。スター配信者が売上の大半を占めるアリババに対し，インタレストグラフの手法を用いることで多数の配信者が顧客をつかむことができたのが勝因とされる。

2.4　ピンドゥオドゥオとシャオミの革新性

　EC の世界では，2015 年創業のピンドゥオドゥオも革新的だ[7]。ソーシャル EC と呼ばれるが，多くの人が同じ商品を購入すると値段が安くなる共同購入の仕組みを導入し，広告宣伝費を投じなくても消費者が自分の利益のために宣伝してくれる仕組みを作り上げた。

　また，ピンドゥオドゥオの出展企業の多くは，中小メーカーが中心だ。下請け工場がピンドゥオドゥオを足がかりに自社製品を販売するケースが多い。ブランド力はないかわりに商品は激安。この価格を訴求力として，「下沈市場」（農村部や地方都市）で，ピンドゥオドゥオは強いプレゼンスを築くにいたった。

　中国の EC 化率（小売取引全体に占める EC の比率）は世界トップだが，特に 2010 年代に入ってからの成長が著しい。バイトダンスやピンドゥオドゥオ，さらにはアリババ集団や京東集団（JD ドットコム）など老舗も含め，無数のイノベーションが進められた結果，EC の版図が拡大している（図表 6）。

7　高口康太「"安かろう悪かろう"で米国攻略⁉　勢いづく中国発ネットモールの海外進出」WWDJAPAN，2022 年 10 月 24 日

図表6　中国がリードを拡大日中EC化率の推移

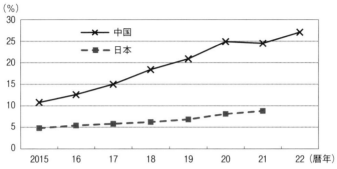

（出所）中国国家統計局資料，令和3年度電子商取引に関する市場調査報告書
をもとに筆者作成

　モバイル・インターネット時代のイノベーション事例として，スマートフォンメーカーの小米科技（シャオミ）も取りあげたい[8]。同社は2010年の新興メーカーながら，出荷台数シェアで世界3位の座につけている。

　原動力となるのは安さ。同社はハードウェアの利益率を低く抑えており，他社と比較してコストパフォーマンスが圧倒的に高い。モノを売って儲けるのではなく，購入者に広告やゲーム課金，動画配信などのウェブサービスを届けることで利益をあげる。伝統的な製造業ではなく，ハードウェアを窓口にしたネット事業者を目指すという戦略だ。

　2021年の事業分野別売上・利益を見ると明らかだ（図表7）。売上の大半は携帯電話事業であげているが，その粗利益は51億元に過ぎない。利益の源泉としているのは自社スマートフォンでのコンテンツ課金や広告配信などのウェブサービス部門で，その粗利益は55億元，粗利益率は76％に達する。「モノではなくサービスを売れ」との戦略は今でこそよく聞くが，創業時の2010年時点ではまさに革命的だった。

　もう1つの革新が販売ルートだ。シャオミは強力な直営EC（電子商取引）モールを持ち，中間流通事業者を通さず直接販売する戦略を取った。後に代理

8　高口康太「中国シャオミ日本上陸，ソニー・シャープを超える成長戦略の凄み」ダイヤモンドオンライン，2019年12月10日

図表7 シャオミの事業分野別売上高と利益

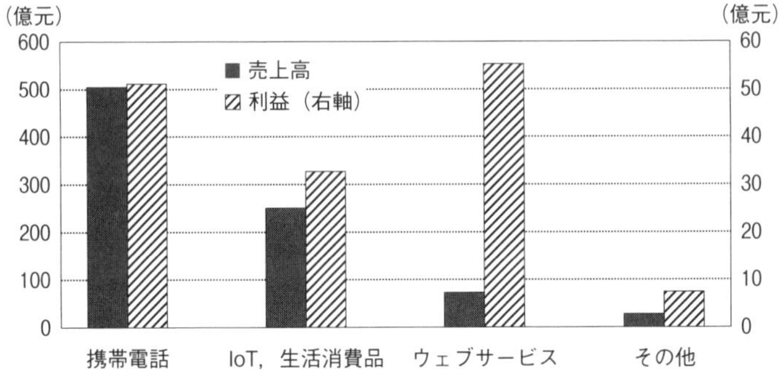

（出所）シャオミの2021年アニュアルレポートをもとに筆者作成

店や携帯キャリアにも販売チャネルを拡大し，さらに「シャオミの家」という直営ストアの展開に踏み切るという方向転換はあったが，直営ECストアと直営店舗の充実ぶりは他社を上回る。この強力な自社販売網によって，自社製品以外の様々なアイテムを販売する小売り事業者としての地位も確立した。直営ストアの売り場にはタオルやスニーカー，乾電池，アパレルなど携帯電話とは無関係のアイテムも並ぶ。

2.5 日本も中国のイノベーションを学ぶ

　バイトダンス，ピンドゥオドゥオ，シャオミと事例を紹介してきたが，モバイル・インターネットの時代に生まれた中国発のイノベーションはこれだけにとどまらない。QRコードを通じてスマートフォンで店頭決済を行うモバイル決済，インターネットの利用履歴を用いて個人の与信判断を行う信用スコア，スマートフォンから利用するシェアサイクル，動画配信とECの融合であるライブコマースなどのサービスは日本にも持ち込まれている。中国のビジネスモデルやサービスを日本に持ち込む，中国からのタイムマシン経営とでも言うべきトレンドが広がっている。

　特に信用スコアについてはIT企業が持つ広範な個人情報，行動データをもとに与信判断する仕組みが，「異形の技術革新」など監視社会化が進行する中国の象徴として取りあげられることが多かったが[9]，気づけば日本でも対話ア

プリ大手の LINE やフリーマーケットアプリのメルカリなどが類似の仕組みを導入している[10]。中国でしか実現しえない，異形のサービスと言われていたものが，受け入れられるようになった点は注目すべきだろう。

3. 次のステージはどこにあるのか？

　2010 年代にモバイル・インターネット時代に突入後，急激な成長を続けた中国 IT だが，20 年代に入って大きな曲がり角を迎える。転換点となったのは中国政府の規制だ[11]。

　2020 年 11 月，アリババ集団の金融関連企業アント・グループが新規株式公開（IPO）前日に当局により上場延期を言い渡された問題を皮切りに，アリババとデリバリー大手美団点評（メイトゥアン）への独占禁止法違反での制裁，テンセントが保有するゲーム動画配信企業 2 社の合併申請却下，未成年のプレイ時間を原則週末のみに制限するオンラインゲーム規制，教育テック企業を含めた学習塾規制，米国に上場した配車アプリ大手の滴滴出行（ディディ）にサイバーセキュリティ審査で制裁金を命じ上場廃止と，IT 企業規制が矢継ぎ早に打ち出された。

　規制がどこまで拡大するのか先が読めない状況に投資家も強く反応した。米ナスダック上場の中国企業株で構成されるナスダック・ゴールデン・ドラゴン・チャイナ指数は 2021 年 1 月から 22 年 10 月に底を打つまでに約 60％のマイナスを記録した。中国 IT 企業を中心に構成される香港ハンセンテック指数も同期間に約 70％のマイナスを記録している。

　ユニコーン企業（評価額 10 億ドル以上の未上場企業）数を見ても，一時は米国と並ぶ勢いだった中国の低迷が際立つ（図表 8）。

9　一例として「中国，異形の技術革新　個人情報も「どうせ人の手に…」」朝日新聞デジタル，2018 年 2 月 18 日

10　「消費者金融，スマホ申し込み 9 割　LINE はペイ借り入れも」日本経済新聞，2022 年 11 月 10 日

11　IT 企業規制の詳細については，髙口康太「政府の規制で色あせた中国 IT の「チャイナ・ドリーム」」エコノミスト ONLINE，2022 年 9 月 5 日を参照

図表 8　米中のユニコーン企業数の創業年別の推移

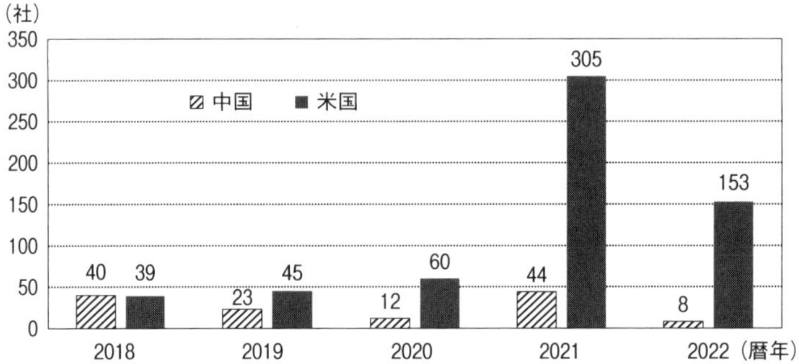

（出所）CB インサイツのデータベース「Global Unicorn Club」をもとに筆者作成

　米国では新型コロナウイルスの感染拡大に関する金融緩和を追い風として投資マネーが活発化し，ユニコーン企業が続々と生み出されたが，規制によって脅かされた中国企業はその恩恵を受けることができなかった。

　加えて，モバイル・インターネットを活用した新たなビジネスの掘り起こしが一段落したという側面も大きい。2010 年代には IT 分野で次々と新たなビジネス，イノベーション，トレンドが生まれ社会を席巻していたが，この波は止まっている。

　次のトレンドとして注目されているインダストリアル・インターネット（工業互聯網，インターネット 4.0 と同じく新たなテクノロジーによる製造業のアップグレードを指す），スマートシティ関連，ブロックチェーン活用などの分野は企業向け，政府向けのビジネスであり，着実な技術開発と利用シーンに合わせた作り込みが求められる。消費者向けサービスのように新興企業が爆発的な成長を遂げることは難しく，一歩一歩着実な取り組みが必要なため，はっきりと目に見える形での成果はまだ見えづらい。

　こうしたビジネストレンドの変化を中国政府も認識している。第 13 次 5 カ年計画（2016〜20 年）では「双創」に 1 章が割かれ，ベンチャーによるイノベーション推進が強調されていたが，第 14 次（2021〜25 年）では大学などの研究機関や業界をリードする大手企業による技術開発と，その成果を中小企業にライセンスすることへと主眼が変わっている。すなわち，ビジネスアイデアでのイノベーションから，深い基礎研究に裏打ちされたディープテック主導の

イノベーションへと主戦場を変えようとしているわけだ。

　中国 IT 企業がこのトレンドに沿って成長できるのか，新たなイノベーションを生み出せるのかが注目される。

［参考文献］

梶谷懐，高口康太（2019）『幸福な監視国家・中国』NHK 出版

関志雄（2016）「問われる中国のインターネット企業の海外上場の在り方―VIE スキームの功罪を中心に―」RIETI

高口康太（2017）『現代中国経営者列伝』星海社

馬化騰，張暁峰，岡野寿彦監訳，永井麻生子訳（2020）『テンセントが起こすインターネット＋世界革命――その飛躍とビジネスモデルの秘密』アルファベータブックス。

マシュー・ブレナン，露久保由美子訳（2022）『なぜ，TikTok は世界一になれたのか？』かんき出版

三浦有史（2018）「中国のデジタル経済―規模，発展段階，競争力，リスクを評価する―」『環太平洋ビジネス情報』18 号

中国信息通信研究院（2018）『中国数字経済発展与就業白皮書　2018 年』

第9章
長期発展のカギ握る半導体国産化
──米制裁強化で足踏み，日本にも影響

桜美林大学大学院特任教授
山田周平

◉ポイント

▶中国が戦略物資である半導体の国産化で苦戦している。共産党・政府と産業界が一体となった振興策は2018年春に始まった米中貿易戦争の焦点に浮上し，米国と同盟国・地域からの製造技術などの導入が困難になった。22年も補助金を巡る国内の不正など逆風が続き，特に最先端品は国産化の足踏みが鮮明である。

▶米政府は2022年夏以降，中国の半導体産業に対し新たな規制・制裁を相次ぎ打ち出した。米制裁は事実上のファーウェイ封じだった「第1ラウンド」から，半導体メモリーやAI用半導体など先端IC全般を対象とする「第2ラウンド」に移行した。半導体の自給率向上が悲願の中国には，さらなる試練となる。

▶半導体製造装置の有力メーカーを擁する日本政府・産業界は米制裁にどこまで同調するのか判断を迫られる。米制裁に従わないのは非現実的だが，一方で過剰に対応すると中国での商機を失うリスクもある。日本の半導体関連企業にとって，慎重な情報収集と経営判断が求められる局面が来ている。

◉注目データ ☞ 半導体製造装置の国・地域別販売額（2021年，億ドル）

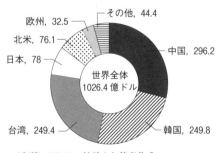

（出所）SEMIの統計より筆者作成

1.「製造強国」実現へ悲願の半導体自給率向上

　中国が経済安全保障のカギを握る戦略物資である，半導体の国産化で苦戦している。共産党・政府と産業界が一体となった振興策が軌道に乗りつつあったが，2018年春に始まった米中貿易戦争の焦点に浮上し，米国とその同盟国・地域からの製造技術などの導入が困難になった。自給率向上の旗は降ろしていないものの，22年も補助金を巡る国内の不正や米政府による制裁強化など逆風が続き，特に最先端品は国産化の足踏みが避けられない情勢だ。

　中国の半導体振興策は政府が2000年6月に公表した通称「18号文書」が皮切りだった。中国が「世界の工場」の地位を固めようとしていた時期の政策らしく，純粋な産業振興の色合いが濃く，増値税（付加価値税）や関税の免除など税制上の優遇措置が目立つ。11年1月公表の「新18号文書」では，10年間の実行期限が切れた18号文書の措置を延長した。

　新旧の18号文書が打ち出された時期には，顧客が回路設計・開発した半導体チップの製造受託を専門とする「ファウンドリー」の中芯国際集成電路製造（SMIC），通信機器大手，華為技術（ファーウェイ）傘下のファブレス（工場無し）メーカー，海思半導体（ハイシリコン）など，のちに米中摩擦で制裁対象となる有力企業が誕生している。しかし，中国を「2010年までに世界的なIC（集積回路）の開発・生産基地に」する目標は達成できず，半導体産業の強化は習近平指導部が2014年6月に公表した「国家IC産業発展推進ガイドライン」へと持ち越された。

　このガイドラインは半導体を「国家の安全を保障する戦略的，基礎的，先導的」な産業だと位置づけ，2030年までに「半導体サプライチェーン（供給網）の主な領域で世界先端の水準に達する」目標を掲げた。純粋な産業振興だけでなく，米中摩擦で米政府が問題視する安保の視点が盛り込まれている。ガイドラインは政府がのちに不正の温床となる国家集成電路産業投資基金（国家大基金）の設立を主導することを明記し，同年9月に1400億元（約2兆7000億円）規模の第1期の組成が始まった。2015年5月に詳細が公表され，「製造強国」を目指すとしたハイテク産業振興策「中国製造2025」は，半導体を含む

図表1　米中貿易戦争以前の中国の半導体振興策

時期	名称	概要
2000年	ソフトウエア産業とIC産業の育成に関する通知（18号文書）	中国を2010年までに世界的なICの開発・生産基地に 有力メーカーへの各種の優遇税制
2011年	ソフトウエア産業とIC産業のさらなる育成に関する通知（新18号文書）	優遇税制などの維持・拡充
2014年	国家IC産業発展推進ガイドライン	2030年までに半導体供給網の主な領域で世界先端の水準に達する 国家集成電路産業投資基金を設立し、業界に資金を投入
2015年	中国製造2025	2016年時点で33％だった半導体自給率を20年に58％，30年に80％まで高める（17年改訂版） 第2の国家集成電路産業投資基金を設立する方針を明示
2016年	第13次5カ年計画	先端半導体を戦略的な新興産業の1つと位置づけ，産業化を支援

（出所）山田（2020），中国政府の公開資料より筆者作成

次世代の情報通信技術（ICT）産業を重点10分野の筆頭に掲げた。「国家の情報とネットの安全に関わる半導体チップ」の開発能力を高めることを目指すなど，安保重視が鮮明になっている。さらに，安保を念頭に半導体の自給率を高める方針を盛り込み，2016年時点の33％から2020年に58％，さらに2030年には80％まで向上させる数値目標（2017年改訂版）を明示した。

　2016年3月の全国人民代表大会（全人代，国会に相当）で採択された第13次5カ年計画（2016〜20年）は，先端半導体を戦略的な新興産業の1つとして例示した。12年に発足した習指導部が対外的な強硬姿勢を強めるのに並行して半導体産業の振興策は広がり，悲願の自給率向上は着々と進むと思われていた。

2.　米中貿易戦争の焦点に浮上

　「米国第一」を掲げるトランプ・前大統領のもと，米通商代表部（USTR）は2018年3月，中国政府による米国企業への技術移転の強制，中国製造2025

における不公正な補助金支給などの問題点を調査報告書で指摘し，米中貿易戦争が幕を開けた。半導体関連では，輸出規制による中国企業への個別の締め付けが次々と表面化した。

2.1 ZTE や JHICC は経営危機に

米商務省は 2018 年 4 月，中国通信機器大手の中興通訊（ZTE）がイランや北朝鮮への不正輸出を行っていたとして，同社と米国企業の取引を 7 年間禁止することを決めた。ZTE は当時，スマートフォンの有力メーカーだったが，頭脳にあたるロジック半導体などをファブレス半導体大手のクアルコムなど米国企業から調達しており，製品の生産を継続できなくなる経営危機に直面した。

ZTE は半導体を自社で開発する能力に乏しく，同年 7 月には米政府が求める罰金の支払いや経営陣の刷新に応じて制裁を解除してもらった。この「ZTE 事件」は中国を代表するハイテク企業の生殺与奪の権を実は米政府が握っていたことを白日の下にさらし，習近平指導部が半導体の国産化を急ぐ流れを加速させる契機となった。

2018 年 10 月には，米商務省は半導体メモリーの一種である DRAM の生産に参入しようとしていた福建省晋華集成電路（JHICC）に安保上のリスクがあるとして，半導体製造装置などの輸出を規制した。JHICC は米アプライドマテリアルズなどから最先端の装置を輸入することが不可能になった。

米政府は JHICC と技術協力していた台湾のファウンドリー大手，聯華電子（UMC）にも圧力をかけ，工場建設を頓挫に追い込んだ。米政府は続く標的として，ZTE をしのぐ中国の通信機器最大手で，傘下に有力ファブレスのハイシリコンを擁するファーウェイに狙いを定めた。

2.2 ファーウェイ，自社設計チップで対抗

ファーウェイへの制裁は 2018 年 12 月，対イラン制裁への違反を理由として，米当局の要請を受けたカナダ司法省が創業者である任正非・最高経営責任者（CEO）の長女の孟晩舟・最高財務責任者（CFO）を逮捕する事件から本格化した。米政府はファーウェイ製品の調達禁止などの措置もとったが，制裁

の中心手段は「エンティティリスト（EL）」に掲載することで半導体の調達
ルートを事実上絶つ措置だった（図表2）。

　ELとは，米輸出管理法に基づき作成される米国の安全保障・外交上の利益
に反する者のリストを指す。商務省が掲載者への取引制限を課すことができる
事実上のブラックリストである。制限に違反した場合は米国企業との取引を禁
止されるため，ハイテク摩擦で米中のどちらを選ぶのかを迫る「踏み絵」の効
果を持つ。商務省は2019年5月，ファーウェイに関し，米国由来の技術やソ
フトを25％以上使用した製品・サービスの輸出を許可制にした。

　通信機器に欠かせない半導体チップでは米国勢の市場シェアが高く，実際に
クアルコム，インテル，ザイリンクスなど米半導体大手はELへの掲載直後，
相次いでファーウェイへの製品供給の停止を発表した。ところが，ファーウェ
イはZTEと異なり，短期間でギブアップすることはなかった。両社の最大の
違いは，ファーウェイは傘下のハイシリコンを使い，スマホの頭脳に当たるロ
ジック半導体を設計する能力を持つことだった。ただし，ハイシリコンは一方
で，チップ製造は他社に委託する必要がある。

　ファウンドリーの世界最大手，台湾積体電路製造（TSMC）の決算データを
検証すると，中国向けの売上高比率が2018年4〜6月期に23％と前の四半期
から5ポイントも上昇したことが分かる。そして，2020年7〜9月期まで20％
前後の高水準が続いている。TSMCにこれだけ大量のチップ製造を発注する
中国企業はハイシリコン以外に考えにくい。ファーウェイはハイシリコン経由
で米中貿易戦争の初期からTSMCにロジック半導体を追加発注し，一定量の
在庫を確保したことがうかがわれる。

図表2　米商務省によるファーウェイ制裁の概要

時　期	内　容
2019年5月16日	ファーウェイと関連企業68社をエンティティー・リスト（EL）に入れ米国由来の技術やソフトを25％以上使用した製品の輸出を許可制に
2020年5月15日	ファーウェイと関連企業114社への輸出管理を強化し，米国由来の技術やソフトを使用した「外国製の直接製品」の販売を許可制に
2020年8月17日	ELに関連企業38社を追加したうえで，ファーウェイと取引する半導体企業すべてを規制対象に

（出所）李（2021），安全保障貿易情報センターの調査などより筆者作成

　ファーウェイは米制裁下にありながら，2020 年 12 月期まで増収増益を維持した。これはファーウェイに同情する「愛国消費」が中国国内で盛り上がり，スマホの販売が好調だったのが最大の理由だ。このスマホにはハイシリコンが設計した半導体チップが搭載されていた。米制裁に 3 カ月で白旗を掲げたZTE とは対照的に，ファーウェイは自社設計の半導体チップで対抗し，経営危機を回避することに成功した格好だった。

　しかし，図表 2 で示した米制裁の強化により，TSMC は 2020 年 5 月にハイシリコンからの新規受注を取りやめざるを得なくなり，同年 9 月にはチップの出荷を停止した。ファーウェイは半導体に依存しないビジネスモデルへの移行を余儀なくされることになった。

2.3　SMIC も「ブラックリスト」入り〜前工程を巡る攻防

　米商務省は 2020 年 12 月，中国最大の半導体メーカーである SMIC を EL に追加した。回路線幅 10 ナノ（ナノは 10 億分の 1）メートル以下の半導体を製造するのに必要な装置の販売を原則禁止とし，日本を含む国内外への企業に適用した。SMIC が中国の「軍民融合戦略」に加担していることをブラックリスト入りの理由に挙げた。

　半導体は一般に，回路線幅が細いほどチップを小型化でき，演算速度や省電力性が上がる。当時は，TSMC などが手がける 5 ナノ半導体が量産ベースで世界最先端だった。SMIC は TSMC と同様，ファウンドリーの業態をとっている。米国としては，SMIC が海外製の半導体製造装置の購入を続け，TSMCに替わる最先端チップの製造委託先へと育つことを阻止した格好だった。

　ここで，米国が 2020 年末までに科した半導体関連の対中制裁の意味を供給網の観点から確認しておこう。ある国・地域が半導体産業で一定の影響力を持つためには，図表 3 で示した供給網の事業領域を一通りそろえておくことが望ましい。世界最大の半導体市場である中国は「企画・提案」や「販売・物流」における優位は揺るがない。中国は工場を半導体の需要地に建てることが多い「後工程」でも有利であり，「回路設計」ではハイシリコンが世界有数の競争力を持つことで知られている。

　つまり，半導体の供給網における中国の最大の弱点は「前工程」にある。米

図表3　半導体のサプライチェーンのイメージ

企画・提案	回路設計	前工程	後工程	販売・物流
・市場を調査し，ニーズに合った半導体の開発を提案	・商品企画で決めた機能を実現する半導体回路を設計	・シリコンウエハー上に設計した半導体回路を加工する	・ウエハーから半導体チップを切り分け，封止・検査	・完成した半導体製品を顧客メーカーに供給する

(出所) 山田 (2020) より転載

国の対ファーウェイ制裁は子会社ハイシリコンが TSMC に前工程の作業を発注することを断ち切る措置であり，SMIC への制裁は前工程の発展自体を阻止することだった。逆に言えば，中国が米陣営とのデカップリング（分断）を乗り切り，半導体の国産化を進めるカギは前工程の弱さをどう克服するかにかかっている。

3. 中国は米制裁にどう対応したのか

　では，中国は半導体を巡る米制裁にどう対応したのだろうか。中国の李克強首相（当時）は 2019 年 3 月，年 1 回の施政方針演説に当たる全人代の政府活動報告において，中国製造 2025 に触れなかった。2015 年から 4 年連続で言及していたが，方針を改めた。共産党・政府はこの時期から中国製造 2025 について公式の場で提起することがなくなった。米国による批判を意識したためとみられる。しかし，半導体産業の振興策はその後も断続的に発表・実施されている。国家大基金の第 2 期が 2019 年 10 月に 2000 億元規模で組成され，2020 年 8 月には新 18 号文書が定めた税制優遇などを強化・延長する新たな通知が公表された。さらに，2021 年 3 月の全人代で採択された「第 14 次 5 カ年計画および 2035 年までの長期目標」は，半導体を国の安全に関わる「基礎的・核心的な領域」として重視している。

　第 14 次 5 カ年計画（2021〜25 年）は中国国内でイノベーションを加速させ，海外に極力依存しない供給網を完結させる「国内大循環」という概念を盛り込んでいる。半導体はその成否を左右する産業・技術であるとの位置づけだ。こ

図表 4　米中貿易戦争以降の中国の半導体政策

名称	時期	半導体産業の位置づけ	概要
新たな時期の IC 産業とソフトウエア産業の質の高い発展の促進に関する通知	2020 年	新たな科学技術革命と産業変革をけん引する重要な力	国が育成している IC の設計・製造・材料・封止・検査企業に税制優遇を与え，投融資・人材の側面から支援する
第 14 次 5 カ年計画と 2035 年までの長期目標	2021 年	国の安全・発展の全体に関わる基礎的・核心的な領域	自力でコントロールできる半導体供給網の現代化　重要な材料を研究開発し，独自の回路加工技術で突破を果たす

（出所）艾瑞諮詢（2022）より筆者作成

れらの政策を総合すると共産党・政府は中国製造 2025 の看板を下ろした後も，半導体の国産路線を継続していると判断できる。

　一方で，中国企業は半導体に関わる事業の縮小・変更を迫られている。ファーウェイは自社設計のチップで経営危機をいったん回避したが，前述した通り 2020 年 9 月には TSMC からの調達ルートを絶たれた。最先端のロジック半導体の搭載が欠かせないスマホ事業は大幅な縮小を余儀なくされ，21 年 12 月期決算は売上高が 6368 億元と前年比で 29％も減少した。ただ，ファーウェイの徐直軍・副会長兼輪番会長は 23 年の年頭所感で，22 年 12 月期の売上高が 6369 億元と前年比で横ばいだったことを明らかにしている。本稿の執筆時点では売上高の事業別構成や利益水準は明らかになっていないが，前年度から法人向けのクラウドサービスなど最先端の半導体チップの調達を必要としない事業の比率が高まっていた。22 年 12 月期もこの傾向が続き，「半導体レス」の収益構造を定着させたとみられる。

　SMIC を巡っては，カナダの調査会社テックインサイツが 2022 年 7 月，SMIC が製造した暗号資産（仮想通貨）のマイニング（採掘）用の半導体チップを分解・調査したところ，世界最先端に次ぐ技術水準である線幅 7 ナノ回路が形成されていたと公表している。シリコンウエハーに 7 ナノ以下の回路を焼き付ける露光工程では一般に，露光光源の波長が極めて短い EUV（極紫外線）露光装置が欠かせない。

　EUV 露光装置は技術的に難しく，世界でオランダメーカーの ASML1 社しか実用化に成功していない。ASML は米国が 2020 年 12 月に SMIC を EL に

追加したこともあり，EUV 露光装置を同社に販売した実績はない。SMIC の 7 ナノ半導体は，EUV の一歩手前の技術である DUV（深紫外線）露光装置で露光を複数回行う「マルチパターニング」によって製造されたとの見方が強い。SMIC としては既存の技術を転用し，回路をできるだけ微細加工した半導体チップを顧客に供給する工夫を続けているようだ。

4. 国産化はどこまで進んだのか

　問題は共産党・政府や企業によるこうした対応の結果，中国が悲願とする半導体の国産化に進展があったか否かである。以下に示す検証結果を総合すると，現時点では足踏みしていると判断せざるを得ない。

4.1　目標に遠い IC の自給率

　米調査会社 IC インサイツは 2022 年 4 月，中国の 2021 年の IC の自給率が 16.7％だったとのリポートを発表した（図表 5）。2021 年の中国の IC 生産額が 312 億ドル（約 4 兆円），IC 市場の規模が 1870 億ドルだったとして，割り算で自給率を導き出している。2026 年時点の自給率が 21.2％になるとの予測も示した。ただ，この算出法では中国で生産されて輸出に回る IC が考慮されていない。

　一方で，IC インサイツが示した自給率は前述した中国製造 2025（2017 年

図表 5　中国の IC 市場の規模と生産額

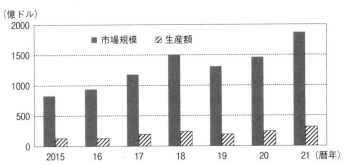

（出所）IC インサイツの調査より筆者作成

改訂版）が実績・目標としている数値（2016年33％，2020年58％，2030年80％）からかけ離れている。ただ，中国側のこの公式な数値も，① 算出の根拠が不明，② 中国のIC輸入が依然として高水準なこととの整合性がとれない――などの問題点がある。

　共産党・政府は米中摩擦が起こって以降，半導体の自給率について公式な数値を公表したことがない。信ぴょう性の怪しい指標類を使ってまで政策を正当化することが日常的な共産党・政府の体質からすると，現時点では半導体の自給率が劇的に向上するような成果は上がっていないのだろう。「2030年に80％」という目標達成が遠いことは間違いなさそうだ。

4.2　上昇しないチップ生産の世界シェア

　台湾の調査会社トレンドフォースが2022年4月まとめた2021年の世界のファウンドリー市場のシェアによると，SMICは5％で5位に入った（図表6）。SMICは2000年に設立された新興企業の1つだが，中国最大の半導体メーカーへと育った。中国による一連の半導体振興策を代表する成功事例とみてよい。

　ただ，TSMCを急速に追い上げた当初の勢いは失い，中国が半導体振興を強化した2014年以降もUMCなどとファウンドリーで世界3位を争う位置にとどまっている。既存技術で7ナノ半導体を製造するなどの努力は続けている

図表6　ファウンドリーの世界シェア（2021年）

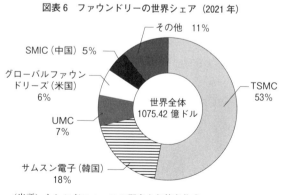

（出所）トレンドフォースの調査より筆者作成

ものの，自力で微細加工技術や生産能力に巨額の投資を続けている TSMC や韓国サムスン電子との差が縮まる気配はない。前述した中国の IC 自給率の伸び悩みとも辻褄が合う。

4.3　ファブレスに偏るスタートアップ投資

　中国が半導体産業の振興に割く資源のうち，最も有力なはずの資金力も有効活用できていない。中国の調査会社，艾瑞諮詢（アイリサーチ）は 2022 年 9 月，中国の半導体産業に関する総合的なリポートをまとめ，その一環として中国の半導体スタートアップによる資金調達の状況を公表した（図表 7）。

　中国では，2010 年代半ばに創業が優秀な若者の働き方として定着し，イノベーションの推進力の 1 つになった，との認識が定着している。アイリサーチによると，中国では 14 年から 22 年 5 月の間に，半導体スタートアップに対し 865 件の投融資が行われた。件数ベースでは「デジタル IC の設計」が 46.7％と最も多く，「アナログ IC の設計」が 17.5％で続いた。つまり，半導体供給網のうち回路設計の工程に特化し，チップ製造は外部委託するファブレスが 64.2％を占めている。

　865 件ものスタートアップ投資があったことは半導体産業の振興にはプラスだが，自給率を高めるという政策目的を達成するには本来，製造工程や製造装置開発を手がける会社に資金が回ることが望ましい。しかし，「IC チップ製

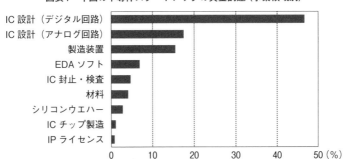

図表 7　中国の半導体スタートアップの資金調達（事業領域別）

（注）2014 年～22 年 5 月の資金調達で 865 件，％は件数ベース
（出所）艾瑞諮詢の調査より筆者作成

造」への投融資はわずか 1.1% であり，「製造装置」も 15.5% にとどまった。投資の規模が比較的小さく，短期間で回収しやすいファブレスに投資が偏ってしまっている。

4.4　国策ファンドが不正の温床に

中国の半導体振興策では，SMIC など既存の企業に対しては国家大基金など国策の大型ファンドが資金を支援してきた。前述した国家大基金の第1期，第2期に地方政府が主導するファンドを加えると，その規模は 10 兆円に達するとされる。しかし 2022 年夏に大基金を舞台とした不正が発覚し，潤沢な資金を効率的に使えない機能不全が露呈している。

中国当局は同年7月，国家大基金のトップである丁文武総経理について，法律違反の疑いで調査を始めた。集めた資金の一部を私的流用した疑いがある。丁氏は中国の産業政策を担う工業情報化省の出身で，半導体産業の実力者として知られていた。8月には，国家大基金の投資を管理する会社の幹部と SMIC の取締役を兼務する人物も調査の対象となった。

業界側では，7月に紫光集団の趙偉国・前董事長も身柄を拘束された。紫光は習国家主席の母校・清華大学が設立母体であり，「半導体の飢えた虎」と称された趙氏の指揮のもと，傘下の長江存儲科技（YMTC）が NAND 型フラッシュメモリーの量産に入るなど一定の成果を収めていた。ただ，紫光は不明朗

紫光集団の趙偉国董事長（当時），筆者が 2015 年撮影

な債務不履行を繰り返した挙句，2022年1月に法的整理が始まっていた。国策ファンドと投資先の有力企業群は米中摩擦とは直接関係なく，不正に手を染めて後退した。

4.5　工場投資はレガシーに偏重〜パワー半導体を大増産

　以上の考察を総合すると，米中摩擦下の中国の半導体産業は，① 潤沢な資金を背景とした共産党・政府の振興策が続いている，② 一方で技術力の不足や資金の利用効率の悪さで国産化は足踏みしている——状態だったといえる。この状態を象徴する事象をもう1つ挙げてみる。

　半導体の業界団体 SEMI ジャパンが中国の半導体工場の新設計画を 2022 年2月時点でまとめたところ，会員の製造装置メーカーが初めて取引する新興企業が合計で 22 社あり，このうち 12 社がパワー半導体を生産品目に定めていた。電力や電圧の制御をするパワー半導体は電気自動車（EV）など電子機器の省エネ化に欠かせないものの，ロジック半導体やメモリーに比べて地味な存在であり，にわかな大増産には唐突感がある。

　パワー半導体の大増産には2つの背景がある。1つは大基金の存在だ。SEMI ジャパンによると，重慶市で潤西微電子，浙江省杭州市で杭州富芯半導体という会社が直径 300 ミリの大型ウエハーを素材とするパワー半導体の工場建設を計画している。SEMI ジャパンは信用状の発行状況などから 80％以上の確率で計画が前進すると判断しているが，2社とも 2021 年以降に大基金が大株主として経営に参画していた。

　もう1つは，パワー半導体は回路の微細加工技術が成熟していることだ。12社の多くが，ロジック半導体で 20 年ほど前に実用化された線幅 90 ナノメートルの技術を使う。パワー半導体は回路設計や製造では熟練技術者が必要なものの，回路線幅からみれば参入障壁は低い。つまり，事業の実現性の高さから，中国の半導体工場の投資の重点がパワー半導体など数世代前の技術を使う「レガシー（遺産）」分野に移り始めているのだ。

　中国の半導体振興策が米陣営とのデカップリングに備えているなら，やはり最先端チップの開発・製造を追求すべきだ。しかし，「カネはあるが技術はない」という現実を前に，ある種の妥協点としてレガシー半導体への投資が増え

ているとみられる。レガシー分野では日本の半導体メーカーが国際競争力を維持してきたが，新興勢力だったはずの中国がいきなりライバルに浮上する思わぬ事態が起ころうとしている。

5. 米国，矢継ぎ早の半導体制裁強化

　本稿で検証してきた2022年夏までの対中半導体制裁について，筆者は実質的に米政府によるファーウェイ封じだったと分析している。世界有数の回路設計能力を持つ子会社ハイシリコンはTSMC，そしてSMICというチップ製造の委託先を失い，ファーウェイは「半導体レス」のビジネスモデルに移行しつつある。つまり米国にとって，高速通信規格「5G」以降の通信・半導体技術でファーウェイが直接の脅威となる可能性は薄れた。

　米政府は2022年夏以降，相次いで新たな対中半導体規制を公表している（図表8）。これらはファーウェイ以外の半導体企業を対象としており，同年8月成立の「CHIPS・科学法」は米国，韓国，台湾のメーカーが今後10年間，中国国内で新たに先端半導体の生産能力を持つことを事実上禁止した。

　一方で，10月と12月に発表された規制は中国の半導体企業を対象としている。それ以前の規制・制裁はスマホなどの頭脳に当たるロジック半導体を対象にしていたが，① 半導体メモリー，② AI用半導体——に広げたと解釈でき

図表8　米国が2022年夏以降に打ち出した対中半導体規制

時期	概要
2022年8月	米国内での半導体工場の建設を促すCHIPS・科学法が成立し，補助金を受けた企業が10年間，回路線幅28nm未満の先端半導体を中国で生産する新規投資を禁止
10月	中国軍の現代化につながるとして，商務省が，① AI技術の向上に役立つ半導体・関連製品を輸出する，② 線幅16/14nm以下のロジック半導体，18nm（ハーフピッチ）以下のDRAM，128層のNAND型フラッシュメモリーの開発・生産に関わる製品を輸出する，③ 米国籍・永住権保有者らが中国の半導体開発・生産にサービスを提供する——ことを原則禁止
12月	商務省がメモリー製造の長江存儲科技（YMTC），AI用半導体の中科寒武紀科技（カンブリコン）などをエンティティー・リスト（EL）に加え，中国の600社超が禁輸対象に

（出所）日本経済新聞，日本貿易振興機構ビジネス短信などより筆者作成

る。筆者は米政府による中国の半導体産業への各種の規制・制裁が，先端技術で開発・製造するIC全般の封じ込めを目指す「第2ラウンド」に突入したのだと判断している。

例えば，商務省が10月に輸出の原則禁止を発表した「線幅16/14nm以下のロジック半導体」の関連製品は前述したDUV露光装置が対象となる可能性がある。SMICがDUV露光装置によるマルチパターニングで7ナノ半導体の製造に成功したことを受け，規制を厳しくしたもようだ。前述した半導体スタートアップ群の代表格で，AI用半導体を手がける中科寒武紀科技（カンブリコン）もELに追加されている。

米政府は中国の半導体産業を日米欧など米陣営とデカップリングするのに十分な政策ツールをそろえたと言える。今後は中国の共産党・政府や産業界がこの規制・制裁にどれだけ対応し，どの程度の技術水準の半導体を自主開発・量産できるかが焦点になる。

6. 企業はデカップリングの進展に備えを

第2ラウンドに入った米政府の対中半導体規制・制裁は日本を含む外資系企業の中国ビジネスも大きな影響を与える見通しだ。最も分かりやすい例として，外資が中国国内で運営している半導体工場が挙げられる。韓国のサムスン電子が陝西省西安市，SKハイニックスが江蘇省無錫市と遼寧省大連市に持つメモリー工場や，TSMCが江蘇省南京市と上海市に持つ工場の行方に関心が集まっている。

このうちTSMCの工場はもともと回路加工技術の水準が低く，影響は限定的とみられる。問題は韓国勢が抱えるメモリー工場だ。メモリーは回路の集積度が記憶容量という性能に直結するため，本来は最先端の製造装置を絶えず導入していく必要がある。米政府は韓国勢に対し，輸出規制の適用を1年猶予すると伝えたが，その間に中国以外での生産拡大など抜本的な対策を打ち出さざるを得ないだろう。

日本にとっては，国際競争力の高い半導体製造装置の対中輸出をどう扱うかが課題となる。中国が振興策を本格化させた2010年代半ばから対中輸出は増

図表9 日本製半導体製造装置の国・地域別販売

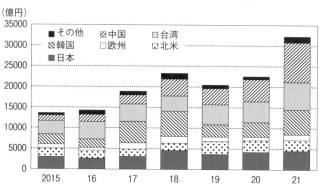

(出所) 日本半導体製造装置協会の統計より筆者作成

加が続き，21年には国・地域別で韓国，台湾に並ぶ「得意先」へと育っている（図表9）。日本政府は3月末，先端半導体の製造装置など23品目を輸出管理の規制対象に加えると発表した。名指しは避けているものの，中国を念頭に置いていることは確実だ。政府と産業界は今後，より具体的にどの製品を対中輸出の規制対象にするのか洗い出す作業に入ることになる。

日本企業が中国ビジネスを重視するあまり，米制裁に真っ向から逆らって自社が警戒の対象となるシナリオはあり得ない。一方で，米政府の意向を忖度し，中国とのビジネスを完全に絶つことは逆の意味での経営リスクとなる。実際に，米政府が対ファーウェイ制裁を発動した後も，米国メーカーが個別に商務省の許可をとり，5Gなどの先端技術とは関係ない半導体チップを販売していたことが確認されている。

中国におけるパワー半導体のにわかな増産のように，米中のデカップリングが思わぬ政策効果を生み，新たな商機や経営リスクに発展することもあり得る。米中摩擦が現在進行形である以上，企業は注意深く情報収集を続け，適切な経営判断を積み重ねていくしかないのだろう。

［参考文献］
（日本語）
山田周平（2020）「半導体にみる中国の光と影 供給網が示すハイテク強国の難路」『技術覇権――米中激突の深層』日本経済新聞出版社

山田周平（2022）「米中摩擦でゆがむ東アジアのIT供給網」『東アジア最新リスク分析「新冷戦」下
　の経済安全保障』日経BP
李智慧（2021）『チャイナ・イノベーション2　中国のデジタル強国戦略』日経BP
『日本経済新聞電子版』『日本貿易振興機構ビジネス短信』

（中国語）
艾瑞諮詢（2022）『中国半導体IC産業研究報告』

第10章
国際競争力増す中国の産業界
—— 日本企業は柔軟な発想で競争を

日本経済研究センター 首席研究員
湯浅健司

●ポイント

▶中国企業が着実に国際競争力を高めている。工場に最先端の IT 技術を導入したり，多額の研究開発費を投じたりするなどして，製品の品質を向上させ，様々な業界で世界市場を席捲するようになった。その波は日本にも押し寄せており，電気自動車（EV）では輸出攻勢にさらされる可能性がある。

▶これまで外国企業が大きなシェアを占めていた中国の国内市場でも中国企業が巻き返している。衣料品や化粧品などの分野では中国の高級ブランドが人気となり，優勢だった外国勢は厳しい戦いを強いられるようになった。

▶日本企業の中国ビジネスを巡る環境は中国勢の台頭もあって，益々厳しさを増している。米中関係の悪化などから投資に二の足を踏む企業もあるが，一方では欧米のグローバル企業は対中投資の手を緩めていない。日本にとっても中国市場は依然として大きな収益源であり，長期的な戦略のもとで競争を勝ち抜く知恵と工夫が求められる。

●注目データ ☞　日本企業の中国からの投資収益は増加傾向にある

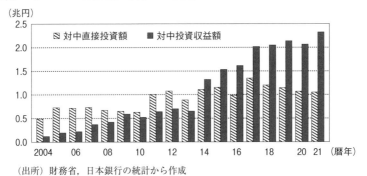

（出所）財務省，日本銀行の統計から作成

1. 習近平一強体制を支える中国企業の成長

　中国経済の先行きが不透明感を増している。2022 年の実質経済成長率は政府目標の 5.5％を下回り，3.0％にとどまった。前年の 21 年前半には抑え込みに成功したかに見えた新型コロナウイルスの感染が再び各地で拡大したことや，過剰投資を繰り返してきた不動産業界のバブル崩壊などが主な要因であり，23 年も景気を大きく好転させるのは容易ではない。米国との対立と貿易戦争，あるいは少子高齢化の進展と人口の減少など，避けがたい長期的な問題も抱える。

　習近平総書記（国家主席）は 2022 年 10 月に開かれた第 20 回党大会において，「2035 年に 1 人当たり GDP を中等先進国並みにする」との目標を示した。中等先進国とは一体，どの国を指しているのか明確ではないが，22 年で 1 万 2741 ドルだった 1 人当たり GDP を今後も安定的に伸ばし続ける必要があることは間違いない。

　習氏は党大会で，安定成長に向けて「質の高い発展の推進に力を入れる」とし，その方策の 1 つとして「経済発展の重点を実体経済に置く」「新しいタイプの工業化を推進して製造強国の建設を加速させる」としている。米国のみならず，世界の様々な国との競争を勝ち抜くような，強い中国企業を育てて，経済のけん引役を担わせるという戦略である。

　盤石な政治基盤を築いた 3 期目の習政権にとって，今後 5 年間の最大のウイークポイントは経済かもしれない。不安定なマクロ経済を支えるためにはミクロの現場での企業の躍進が欠かせない。そして，産業界の最前線をみると，習氏の戦略を先取りするかのように，日本や欧米企業をしのぐ力を付けている中国勢は少なくない。

　本章では，国内外で活躍する中国企業を取り上げ，産業の将来性を占うとともに，中国企業との厳しい競争に直面する日本企業の現状も俯瞰し，今後の対中ビジネスの方向性を考えてみたい。

2.　国際競争力を増す中国企業

2.1　ライトハウスにみる実力～ハイアールの例

　中国企業の競争力向上は，様々なデータから推測できる。その１つとして，「ダボス会議」を主催する世界経済フォーラム（WEF）の「ライトハウス（灯台）」事業がある。同事業は世界中の工場の手本となるような，第４次産業革命を主導する最も先進的なスマート工場を認定するものだ。認定工場は人工知能（AI）や3Dプリント，ビッグデータ分析といった技術を活用し，生産性と競争力，環境保全を大幅に向上させたと評価され，それぞれの業界における「灯台」としての役割が期待される。

　2022年10月に発表された報告書によると，認定工場は合計114。このうち42は中国にある工場だ。実に全体の３割以上を占め，国別では第２位の米国（13カ所）をはるかに上回る。中国の42工場の中には日用品の米プロクター・アンド・ギャンブル（P&G）や自動車部品の独ボッシュなど外資系企業のものも含まれるが，半数以上は中国資本の工場である。

　日本にある認定工場は２つだけだ。１つは医療機器の米GEヘルスケアの工場で，日本企業としては日立製作所大みか事業所しか認定されていない。中国は他国に比べて積極的にWEFにアプローチし，結果として数多くの工場が認定されている可能性はある。ただ，これだけ差がついてしまうと，かつては「ものづくり先進国」と自画自賛してきた日本の地位低下と，それをしり目に「中国製造2025」など強力な政府支援を受けながら急速に成長する中国企業の勢いを痛感せざるを得ない。

　中国ではどのような工場が認定されているのか。2018年に選ばれた家電大手，海爾集団（ハイアール）の青島工場は，中国の第４次産業革命の代表例だ。同社は早くからAIを利用して工場の生産性を高める研究を進めてきた。冷蔵庫などの製品を顧客のニーズに応じた機能やデザインに基づいて個別生産するため，すでに生産機械をクラウドに接続してデジタル化・自動化し生産効率を高めることに成功しており，独自開発した工業用インターネット「コスモプラット」として，その仕組を確立し，ライトハウスの認定を受けた青島工

図表 1 中国の主なライトハウス認定企業

社　名	認定年	業種	認定工場
ハイアール	2018	家電	青島
上汽大通	2019	自動車	南京
濰柴動力	2020	産業機械	濰坊
ハイアール	2020	家電	瀋陽
宝山鋼鉄	2020	鉄鋼	上海
美的集団	2020	家電	広州
アリババ集団	2020	IT	杭州
青島ビール	2021	消費財	青島
美的集団	2021	家電	順徳
寧徳時代（CATL）	2022	自動車部品	宜賓
三一重工	2022	建設機械	長沙

（出所）各種報道などから作成

場だけでなく，国内外の他の企業にも外販している。まさに「灯台」の役割である。

　ハイアールはかつて三菱重工業や三洋電機との提携を通じて，日本からエアコンや冷蔵庫など白物家電の生産技術を習得し，企業規模を拡大させてきた。2012 年には三洋電機の白物家電部門を買収したほか，米国などの海外企業を次々と傘下に収めて，今日では世界最大の家電メーカーにまで成長している。企業規模だけでなく，その生産技術の目覚ましい発展ぶりは，ものづくりにおける日中の主客転倒の一端を如実に表している。

2.2　自然科学の研究で世界一に

　企業の長期的な競争力の源泉となる研究開発の分野においても，中国は世界をリードしつつある。日本の文部科学省傘下の科学技術・学術政策研究所（NISTEP）が 2022 年 8 月に発表した「科学技術指標 2022」によると，中国は自然科学分野の研究論文に関わる代表的な 3 つの指標すべてで世界一になった。

　中国が首位となったのは，① 論文総数，② 研究者の引用回数が上位 10％に入る「注目論文」の数，③ 同上位 1％に入る「トップ論文」の数——の 3 点。

　NISTEP が今回発表したのは 2018〜20 年の平均データで，中国は 3 点でいずれも 2 位の米国を抜いた。21 年の発表（17〜19 年の平均データ）では，中国は総数が首位，注目・トップ論文は米国に次ぐ 2 位だった。今回は，例えば最も優れた研究といえるトップ論文の数が 4744 本で，米国の 4330 本を上回った。トップ論文全体のシェアは中国が 27.2％，米国が 24.9％で，3 位は英国（5.5％）。10 年前（2008〜10 年の平均データ）の世界シェアは米国が 41.2％と圧倒的で，2 位の英国が 7.6％，中国は 3 位で 6.4％に過ぎなかった。

　論文数はその国の研究状況を示す指標であり，引用が多いほど論文が注目され評価も高いことになる。中国が急速に地位を高めて 3 つすべてでトップに立ったということは，彼らの科学技術の研究が質量ともに世界をけん引するレベルに到達していることを示す。一方で日本はどうか。NISTEP の発表では，論文総数はインドより低い 5 位，注目論文は 12 位，トップ論文は 10 位といずれも中国に大きく遅れをとっている。研究開発の状況だけみれば，日中の産業競争力はすでに逆転してしまった，と言えるかもしれない。

　研究開発に費やす資金も中国企業は年々，増大させてきた。NISTEP の調べでは中国の 2020 年の企業部門の研究開発費（名目ベース，日本円換算）は前年比 7.7％増の約 45 兆円。この 10 年で約 2.5 倍に増えた（図表 2）。一方，日本は 20 年が約 13 兆円で，この 10 年間はほとんど変化がない。研究者数も中国が 228 万人と日本の 3 倍以上の規模となっている。

図表 2　主要国の企業部門の研究開発費の推移（名目額）

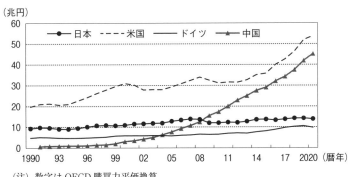

（注）数字は OECD 購買力平価換算
（出所）NISTEP の資料から作成

3.　世界を揺るがす中国のエネルギー産業

　ここからは，中国の個別の産業や企業に目を向けていきたい。まず注目したいのがエネルギー分野だ。中国は世界のエネルギー市場で存在感を増している。環境保全を「国是」に位置づけ，液化天然ガス（LNG）の買い付けを急拡大させ，輸入量は世界最大となった。中期的には原子力や自然エネルギーへの依存度を高める計画で，原発や風力発電の建設を加速させ，海外への輸出も拡大する構えだ。ロシアのウクライナ侵攻により混迷の度を深める世界のエネルギー市場。中国はその盟主の座を狙う。

3.1　エネルギー産業の台頭～LNG を爆買い

　上海市から北西へ約 400 キロ。江蘇省塩城市浜海港区で，世界最大級のLNG 備蓄基地の建設が進んでいる。国有石油大手の中国海洋石油集団が主体となった中国の独自設計・建設プロジェクトで，高さ 60 メートル，容量 27 万立方メートルという巨大タンク 6 基を設ける。先行して建設されている 22 万立方メートルのタンク 4 基と合わせて，2023 年末までに全 10 基が稼働する計画だ。これにより，海外から買い付けた LNG の年間処理能力は 600 万トンに達し，江蘇省全住民の生活用ガスの 2 年分以上を貯蔵できるようになる。

　中国が LNG の「爆買い」に走っている。2021 年の輸入量は前年比で 18％も増え，過去最高の 7900 万トンを記録（図表 3），半世紀前から世界の LNG市場をリードしてきた日本から，世界最大の輸入国の座を奪った。22 年に入って景気低迷から内需が衰え，やや勢いは落ち着いたが，それでも 2050 年の輸入量は日本の 3 倍を超えるとの試算もある。

　習近平国家主席は 2020 年 9 月 22 日，国連総会の一般演説で，2030 年より前に CO_2 排出量をピークアウトさせ，60 年より前にカーボンニュートラルを実現させるという「3060 目標」を発表し，脱炭素社会を構築する強い意欲を示した。目標達成は習政権の至上命題となっており，石炭から天然ガスへの転換はその象徴といえる。中国では 2021 年の夏から秋にかけて，全国各地で電力不足が起きた。政治的な対立の影響により輸入量の 4 分の 1 を占めていた豪

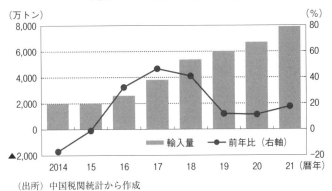

図表3　中国の LNG の輸入量の推移

（出所）中国税関統計から作成

州産石炭の調達が滞ったことなどから石炭価格が高騰し，発電量の約7割を占める火力発電所の稼働率が低下したためだ。脱炭素に加えて，電力の安定供給のためにも，ガス発電へのシフトを急いでいる。

　ただ，ロシアのウクライナ侵攻により，欧州では天然ガス危機の懸念が強まる。対ロ経済制裁の長期化は LNG の奪い合いにつながり，調達コストの上昇は避けられない。中国が経済の安定成長を持続するには，天然ガスだけでないエネルギー源の多様化が求められる。

3.2　独自の原発が「国家の名刺」に

　エネルギー源の多様化の方策の1つが原子力発電の強化である。

　中国メディアが「国家の名刺」と称賛するほど，自国の技術力を世界に誇示するプロジェクトがある。独自開発したと胸を張る，加圧水型軽水炉（PWR）「華竜1号」だ。中国の原子力産業を二分する国有企業，中国核工業集団（CNNC）と中国広核集団（CGN）がフランスやロシアなどの技術をもとに国産化に成功した，より安全性が高いとされる第3世代原子炉だ。報道によると，原子炉容器や蒸気発生器などの心臓部はすべて中国製で，他の部品も含めると国産化率は88%に達する。1キロワット当たりの建設コストは，米ウエスチングハウスの PWR「AP1000」など海外の軽水炉より1～2割低いという。

　国内では福清原発（福建省）5号機として，2021年1月に初めて商業運転に

成功。同原発 6 号機にも導入され，22 年 1 月から稼働している。さらに，中国と経済的な結びつきの強いパキスタンにも輸出し，カラチ原発の 2，3 号機に採用された。2 号機は 21 年 5 月に営業運転に入り，3 号機も 22 年 3 月 4 日に稼働にこぎつけている。3 月 4 日は全国人民代表大会（全人代）の開幕前日であり，中国メディアは国家の一大イベントを翌日に控えて海外に国威を示す快挙だとして，こぞって「さすが国家の名刺」と褒めたたえた。

　中国の原発の歴史は日本より 4 半世紀も遅れ，1991 年の「秦山一号機」（浙江省嘉興市）試験運転に始まる。それからわずか 30 年。中国核能行業協会によると 2022 年 10 月末時点で国内商業運転している原発数は合計 53 基，総発電容量は 5559 万キロワットと，米国，フランスに次ぐ世界第 3 位の規模を持つようになった。21 年から始まった第 14 次 5 カ年計画では総発電容量を 25 年に 7000 万キロワットとするとしているほか，30 年には 1 億 2000 万キロワットにまで拡大して，米国を抜き世界最大の原発国になるとの見通しもある。

　「華竜 1 号」は国内の原発の柱になるとともに，安全性とコスト競争力を武器に，欧米や日本の原発と世界市場を争うことにもなりそうだ。CGN やCNNC などはパキスタンの実績をアピールしながら海外で攻勢をかける構えで，英国やアルゼンチンなどへの輸出が予定されている。

図表 4　中国の原子力発電量の推移

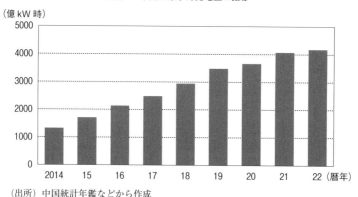

（出所）中国統計年鑑などから作成

3.3　風力，太陽光発電でも急成長企業が相次ぐ

　原子力と並び，風力や太陽光など再生可能エネルギーの設備でも，世界市場で中国のメーカーが台頭している。

　「中国は世界最大の風力発電機の製造国だ」。新疆金風科技（ゴールドウインド）の武鋼・董事長は2022年3月，北京市内で記者会見し，こう語った。武氏によると，21年末時点の世界の風力発電機の発電設備容量は837ギガワット。このうち中国は338ギガワットと40％を占め，2位の米国（16％）を大きく引き離しているという。同社はその中でも国内トップメーカーだ。

　ゴールドウインドは1998年に新疆ウイグル自治区で発足した。自治区内に広がるタクラマカン砂漠では1年中，強い風が吹く。この風を利用した産業を興そうと，同社はドイツの技術を採り入れながら風力発電機の国産化を進め，今や国内最大手に成長した。

　武氏は長年の功績を評価され，全人代と並ぶ重要会議，全国政治協商会議（政協）の委員に選ばれている。毎年3月の会議で指導部に脱炭素社会における再生エネルギーの重要性を訴え続け，政府もこれを受けて様々な支援を業界に与えてきた。「現在，世界の風力機メーカーのトップ10のうち，6社は中国企業。6社の輸出先は世界40余りの国々に及ぶ」（武鋼氏，図表5）。同社だけでもカザフスタンやパキスタン，トルコ，ギリシャなどから受注が相次いでいる。

図表5　2021年の風力発電機メーカーの世界シェア

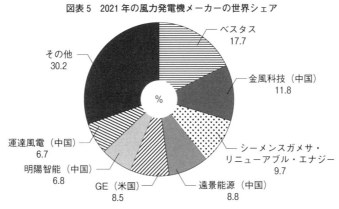

（出所）中国の報道などから筆者作成

　砂漠が発祥の地であるゴールドウインドに対して，ライバルである明陽智慧能源集団（明陽智能）は洋上発電に強い。海外ではイタリア南部のターラント港で，洋上風力発電機の設置工事を進めている。出力 3000 キロワットの機器を合計 10 基設ける契約だ。同社の製品はシーメンスガメサ・リニューアブル・エナジー（スペイン）やベスタス（デンマーク）などの欧州メーカーに比べて，安価で投資利益率が高いのが特徴という。国内の有力メーカーが相次ぎ撤退してしまった日本の洋上風力市場にも注目しており，富山県入善町沖のプロジェクトに 3000 キロワットの発電機を納入することが決まったとの報道も流れた。

　太陽光パネルでも隆基緑能科技（ロンジソーラー）や晶科能源などの中国企業が世界のトップ 10 に顔を並べる。原発にしても風力や太陽光発電にしても，各社は脱炭素社会の実現を目指す習近平指導部の強力な支援をバックに研究開発を重ね，国内市場から海外へと成長路線を拡大させている。多くは習氏が唱える広域経済圏構想「一帯一路」構想の目玉プロジェクトに盛り込まれ，中央アジアや南アジア，東欧など同構想の沿線国に売り込まれる構図だ。

　これらの沿線国はこれまでロシアが勢力を広げていた。今後，ウクライナとの戦争の長期化でロシアの経済力が低下するなら，おのずと中国の支配力は強まるだろう。ウクライナ紛争で揺れる世界のエネルギー市場。どこまで中国が影響力を及ぼすのか，安全保障の面からもその動向が注目される。

4. 世界を走る中国製 EV

4.1　急拡大する自動車輸出〜EV がけん引役

　欧米などの景気減速で，2022 年後半以降，中国の製品輸出に急ブレーキがかかった。コロナ禍で内需や投資が低迷する中，それまでは輸出の伸びが中国経済を支えてきており，ブレーキの影響は深刻だが，自動車の輸出は減速せずに快調だ。半導体不足で生産が滞っている欧州向けなどを中心に引き合いが増えているためという。

　中国の自動車輸出（図表 6）は 2018 年に 100 万台の大台を突破した後，20 年までは 100 万台前後で推移していた。21 年から急速に拡大し，22 年はさら

図表 6　中国の自動車輸出台数の推移

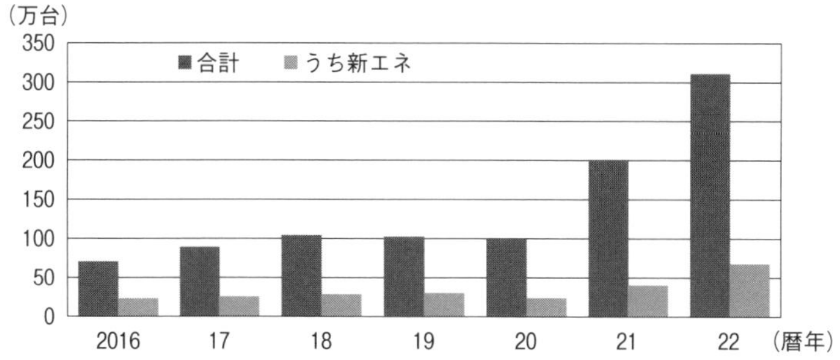

（出所）中国汽車工業協会の統計から作成

に増加。年間の累計輸出台数は初めて 300 万台の大台を突破し，前年同期比 54.4％増の 311 万 1000 台となった。

　中でも目立っているのが電気自動車（EV）など新エネルギー車だ。輸出台数は 67 万 9000 台と前年の 2.2 倍に拡大し，輸出全体の 22％を占めた。環境対応が厳しい欧州向けが伸びており，現在の勢いが続けば，欧州市場における中国製 EV の市場シェアは 30 年までに 20％になるとも見方もある。

　中国の国内市場でも新エネ車の成長は著しい。政府の販売支援策などもあって，2022 年の販売台数は通年で 688 万 7000 台と，21 年のほぼ 2 倍にまで増え，新車市場全体の 4 分の 1 を占めるまでになった。日本の新車販売台数はここ数年，年 420 万台前後で推移しており，中国はすでに新エネ車だけで，日本の新車市場を超えたことになる。

4.2　台風の目となる BYD

　世界最大の EV 生産・消費国となった中国で，米テスラとともに業界を引っ張るのが国内最大手の BYD だ。2022 年 3 月からガソリン車の生産をやめ，自動車事業は新エネ車のみに絞っている。国内だけでなく，22 年以降，海外進出を積極化。同 7 月に日本，8 月にはドイツやタイへの進出計画を明らかにするなど，10 を超える国での販売を決めている。

　「本日，日本の消費の支持と期待のもとで，私たちは新エネルギー車を携えて，日本にやって来ました。当社と日本はクリーンエネルギーの夢を共有して

います」。2022 年 7 月 21 日，都内で開いた記者会見にビデオで参加した BYD の王伝福董事長（会長）は，こう語った。同社は 23 年に多目的スポーツ車（SUV）など 3 車種の EV（写真）を投入し，日本の乗用車市場に本格参入すると発表した。

BYD は 2005 年に日本法人のビーワイディージャパンを設立，15 年には同社を通じて，EV バスの対日輸出を始めたが，販売台数はわずかで知名度も低かった。中国本土で蓄積した実績をもとに，対日進出の本格化を模索。21 年 11 月，中国ブランドとしては初めて日本政府の「クリーンエネルギー自動車導入促進補助金」の対象に採択され，乗用車の輸出に踏み切ることにした。第 1 弾として 23 年 1 月に発売する SUV タイプの「アットスリー（写真中央）」は 1 回の充電で航続できる距離が 485 キロメートル。25 年には年間 2 万台の販売を目指すという。

BYD は元々，大学で電池を研究していた王董事長が 1995 年に広東省深圳市で興した携帯電話向けの充電式電池メーカーだった。当時，深圳市は携帯電話の一大生産基地であり，中国で携帯電話が爆発的に売れるとともに会社も急成長した。

王氏は「携帯の次に消費者が求めるヒット製品は自動車になる」と将来を予測し，2003 年に地方の自動車メーカーを買収。ガソリン車の生産を手掛ける一方で，06 年から EV の試作を始めた。

同社の強みは心臓部ともいえる車載電池を自ら研究し量産できることにある。自動車に参入した当初はデザインが「野暮ったい」と揶揄されたが，日本

3 車種の EV（BYD ホームページから）

の金型メーカーを買収し，その技術を活用してデザイン力も高めるなどして，試作開始から 15 年で中国最大の EV メーカーへと昇りつめた。

　現在，国内市場ではテスラや格安 EV「宏光 MINI」の上汽通用五菱汽車などと激しいシェア争いを繰り広げている。研究開発に力を入れており，中国の主要メーカー 4 社の中で EV 関連の特許出願件数が最も多い[1]。ライバルとの競争を通じて品質に磨きをかけ，海外にも市場を広げようとしている。

　輸出先は日本だけではない。アジアでは日本に先駆けて，2022 年 8 月にタイ進出を発表。現地の販売代理店向けに中国で生産した「アットスリー」を輸出するほか，同社にとって東南アジアでは初めてとなる工場もタイに建設し，24 年から乗用車を年間 15 万台生産する計画もある。同工場からは周辺国にも EV を輸出する予定で，すでにマレーシアで販売網の整備を始めている。東南アジアの乗用車市場をこれまでリードしてきた日系メーカーに大きな脅威となりそうだ。

　欧州ではすでに 2021 年からノルウェーで販売を始めたのを皮切りに，スウェーデンやドイツでも 22 年秋から販売店の開設を始めた。中国の証券会社の予想では「25 年の輸出は 30 万〜50 万台に達する」可能性があるという。

　「人生とは，1 つの夢を追い求め，実現させていく過程に過ぎない」。2022 年 12 月，深圳市に世界各国の代理店が集まった国際会議で，王氏はこう語りかけた。王氏が求める夢とは，中国製の EV を以って世界のトップメーカーとなることだ。それはまた，中国産業界の夢でもある。

4.3　商用 EV も日本を目指す

　EV で海外進出を目指すのは，BYD のような乗用車メーカーだけではない。ベトナムと接する中国の西南部，広西チワン族自治区に本拠地がある広西汽車集団は商用の小型 EV の輸出を拡大させようとしている。ターゲットは日本市場だ。

　同社は 2022 年 9 月，日本の新興企業 ASF（東京・千代田）と共同で，日本

1　2022 年 11 月 8 日日本経済新聞朝刊「中国 EV 特許，BYD 独走　出願数 1557 件でトヨタも多数引用，蓄電池強み」

市場向けの専用商業車を開発，販売すると発表した。軽自動車のバンタイプ
で，広西グループの五菱新能源が23年4月から量産を始める。1回の充電で
航続できる距離は230キロメートルで，主に宅配など物流用として売り込む。
価格は日本車の商用軽EVより2割程度安くなる見通しだ。

　広西汽車集団は米ゼネラルモーターズとの合弁会社，上汽通用五菱汽車を通
じて格安の小型乗用車「宏光MINI」を手がけ，国内でヒットさせた。EVの
コストダウンのノウハウに優れており，商用車を開発すれば，環境対応を急ぐ
日本の物流会社に需要があると判断した。第一弾として佐川急便に納車する。

　日本の物流大手では，SBSホールディングスも中国製EVの導入を明らか
にしている。日本市場での成否が中国メーカーの海外進出の行方を占うことと
なりそうだ。

5. 中国での国産ブランド「国潮」ブーム

　企業の国際競争力の向上を象徴する動きとして，中国ではここ数年，国産ブ
ランドの人気が高まっている。特に顕著なのは，それまで日本や欧米企業が市
場を独占してきた化粧品や食品，家電などの分野だ。新型コロナの感染拡大前
は大勢の中国人が海外旅行を繰り返し，現地で触れた外国ブランドへの憧れを
強めた。コロナ禍で海外に行くチャンスがなくなったうえ，景気の減速で生活
の余裕もなくなり，特に1990年代半ば以降に生まれた「Z世代」に代表され
る若い消費者は，外国製品に品質で見劣りしなくなった国産ブランドを見直す
傾向を強めている。

　中国語で「国潮」という言葉がある。「国内」と「流行する（中国語：潮流）」
を掛け合わせた造語だ。中国の文化，伝統の要素を取り入れた，おしゃれな国
産品のトレンドを指す。中国の報道などによると，「国潮」という言葉は2018
年ごろから使われるようになった。当時，中国のスポーツブランドの草分け，
李寧（リーニン）がニューヨークのファッションショーで漢字や中国人が伝統
的に好む赤色をデザインに取り入れ，大きな反響を呼んだことがきっかけとい
う。

　「国潮」という言葉が登場する前からも，中国の一部では国産ブームが起き

ていた。スマートフォンはその代表例だ。華為（ファーウェイ）や小米（シャオミ），OPPO，vivo などが米アップルや韓国サムスン電子を凌駕し，若者に最も人気があるブランドとなっている。しかし，デザインなどに中国の伝統を取り入れて人気となった製品は，リーニンのような衣料品や化粧品の分野に目立っている。

　例えば，化粧品では「花西子（Florasis）」や「完美日記（Perfect Diary）」が国産ブランドとして急成長を続けている。花西子は宜格企業管理集団（浙江省杭州市）のブランドで，2017 年に生まれた。最大の特徴は商品のデザイン力にあり，中国の古代王朝で使用されていた彫刻を口紅に施した「彫刻リップ」（写真）などが人気。化粧品業界で影響力を持つインフルエンサーを積極的に起用して，爆発的なヒットとなった。最近は日本でもネットで購入でき話題となっている。完美日記は広州逸仙電子商務のブランドで，中国の山河や棚田など美しい風景を模写したアイシャドウが有名だ。同社は 2020 年にニューヨーク証券取引所に上場している。

　食品では飲料チェーンで国産ブランドの台頭が目覚ましい。コーヒーでは地場コーヒーチェーン，瑞幸珈琲（ラッキンコーヒー）が中国の店舗数で米スターバックスを抜いた。さらに茶系飲料の蜜雪氷城（ミーシュエ）はスターバックスの 3 倍以上となる 2 万を超える規模の店を全土で展開している。

　中国の Z 世代は小さいころから，急速な経済成長とデジタル化の恩恵を受

「彫刻リップ」（宜格企業管理のホームページから）

けて育ってきた。米国と対峙するまでになった国家に民族的な誇りを強く感じているとされ，それが国産ブランドを愛する「国潮」の素地になっている。彼らには，中国製品に対する「安かろう，悪かろう」というステレオタイプのイメージが強くない。消費の中心が今後，益々，そうした新しい世代に移っていく中で，品質や価格で競争力が劣る海外ブランドが中国で勝ち抜くのは難しくなっていくだろう。

6. 日本企業の対中ビジネス

　これまでに幾つかの産業分野での中国企業の成長ぶりを見てきた。日本企業には今後，彼らとの激しい戦いが待っている。主戦場は中国市場であろうが，日本の対中ビジネスの環境は厳しさが増すばかりだ。中国にどのような姿勢で臨むのが好ましいのだろうか。最後の締めくくりとして，日本のビジネスパーソンの最新の対中観や実際のビジネス動向，そこから考察される中国ビジネスの方向性について述べたい。

6.1　日本のビジネスパーソンの中国観

　日本経済研究センターは 2022 年 9 月，日本経済新聞社と共同運営する「富士山会合ヤング・フォーラム」が実施した日中関係に関するアンケート調査の結果を公表した[2]。同調査はビジネスパーソン約 3000 人を対象に隔年実施するもので，今回が 6 回目。過去の調査結果と比べ，日本企業の中国に対する優位性が失われつつあるとの認識が，より鮮明になった。

　調査では製造業とサービス業のそれぞれについて「10 年後の日本は中国に対し競争力を維持できるか」とたずねたところ，製造業では 67.2％，サービス業でも 39.1％が「分野によって優劣は異なるが，全体として日本が劣勢」「幅広い分野で日本が劣勢」と答えた（図表 7）。製造業については，10 年前の2012 年調査では 46.6％と半分以下だったが，今回はそれより 20 ポイント以上比率が高くなっている。また，「中国は今後，どのような形で国際社会を主導

2　https://www.jcer.or.jp/mfd-yf

図表7　製造業における10年後の中国企業と日本企業の競争力をどう見るか

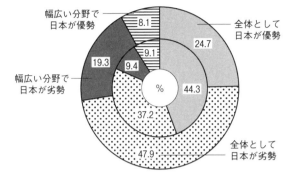

（注）内側は2012年，外側は22年調査の結果。質問や選択肢の文言は一部で修正
（出所）富士山会合ヤング・フォーラムの日中関係に関するアンケート調査から作成

することになるか」との質問では，特にハイテク技術においては53.6％が「強くそう思う」「そう思う」としている。

　中国の産業界の成長を認める一方，中国が重要だとする割合は低下している。「市場としての中国が今後の日本経済にとって持つ意味」については「必要不可欠な市場であり今後も重要性は変わらないか，増していく」「必要不可欠ではないが今後も重要性は変わらないか，増していく」との回答は合計で40.7％に過ぎない。最もこの割合が高かった2018年調査（50.3％）より10ポイント近く低くなった。生産拠点としては「必要不可欠」の割合は24.2％と全体の4分の1にとどまった。

　もっとも，回答者の内訳を見ると，重要性は変わってくる。中国ビジネスにかかわっている人は，市場については48.0％が「今後も重要」，生産拠点は31.5％が「必要不可欠」としている。また年代別でみると，20～30代は54.5％が市場として「今後も重要」，44.0％は生産拠点として「必要不可欠」と回答した。日本の他の世論調査などを見ても，若い世代ほど中国に親しみや好感を持つ傾向にあり，ビジネスの面でも同様の傾向があるようだ。

6.2　日本企業の進出動向〜目立つ大手の撤退・再編

　2001年，世界貿易機関（WTO）加盟を果たした中国は，世界経済との結びつきを強めるとともに成長に弾みがつき，高度経済成長期を迎えた。指導部が

旗を振る改革開放路線に従って各地で海外からの投資が歓迎され，労働コスト
や不動産価格はアジアの他の国と比較して相対的には割安だったことから，進
出企業は低コストで製品をつくり，それを海外や消費熱が高まりつつあった中
国国内で販売して，高い利益を得ることができた。そうした 2000 年代初めは
まさに日本企業の対中投資の黄金期であり，筆者は 2002 年から 06 年にかけて
上海市に駐在していたが，当時は連日のように日本からの出張者が訪れて来
て，その対応だけでも忙しかったのを覚えている。

　帝国データバンクがまとめている日本企業の中国進出動向調査[3]（図表 8）
によると，同調査を始めた 2010 年以降で進出企業数が最も多かったのは 12 年
時点の 1 万 4394 社。高度成長期の末期にあたり，成長をおう歌した胡錦濤政
権の最後の年，すなわち習近平政権が誕生した年でもある。この年をピークと
して企業数は緩やかに減少し始めて，22 年は 12 年比で 12％減の 1 万 2706 社
となった。

　中国は日本を GDP の規模で追い抜いた 2010 年ごろから，高成長のツケと
も言える，生産コストの上昇や環境問題が深刻になり始めた。特に衣類や日用
品など安価な製品を作って輸出していた日本企業は採算悪化が目立つようにな
り，ベトナムなど中国よりコストの低い国へと拠点を移したことから，進出企

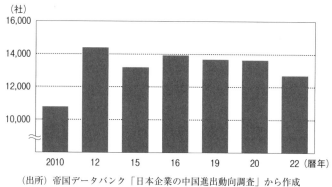

図表 8　日本の中国進出企業数の推移

（出所）帝国データバンク「日本企業の中国進出動向調査」から作成

3　https://www.tdb.co.jp/report/watching/press/pdf/p220705.pdf。外務省の統計によると，2021
年 10 月時点の日本企業の拠点（支店や事務所などを含む）数は 3 万 1047 件。

業は減少していった。近年では，米中の対立やコロナ禍，習近平指導部による
規制強化，さらには本章で述べたような成長が著しい中国企業との競争激化
も，企業数の減少の要因となっている。

　最近の大手メーカーの例をみると，ブリヂストンは2021年12月，広東省の
トラック・バス用のラジアルタイヤ工場を閉鎖した。中国勢などとの価格競争
が厳しくなったためで，拠点を遼寧省の工場に集約して生産効率の改善を図
る。神戸製鋼所の全額出資子会社であるコベルコ建機（東京・品川区）は
2022年6月，生産子会社の杭州神鋼建設機械（浙江省杭州市）を，製販子会
社の神鋼建機（四川省成都市）に集約すると発表。中国の建設機械市場はかつ
て日本勢が大きなシェアを占めたが，「近年は市場が縮小するとともに，中国
国内メーカーの攻勢も高まっている」（同社）という。

　建設機械と並んで，中国で日本企業が圧倒的に優位だった複写機など事務機
器にも撤退の波が広がる。富士フイルムホールディングスの子会社，富士フイ
ルムビジネスイノベーション（旧富士ゼロックス）は中低速の複合機やプリン
ターなどを開発・生産する上海市の工場を2024年半ばにも閉鎖する。当初は
中国企業に売却すると発表していたが，米中対立が激化する中，事務機器など
ハイテク製品の国産化を急ぐ中国に技術が流出する懸念があることから，売却
ではなく閉鎖に切り替えたもようだ。ハイテク関連の企業は中国側のニーズが
大きく，経営再建を急ぐジャパンディスプレイは22年12月，液晶モジュール
を製造する江蘇省蘇州市の子会社，晶端顕示精密電子を現地企業に約270億円
で売却している。

6.3　新たな成長模索する動きも

　日本企業にとって，中国は輸出工場としての魅力が薄れる一方で，巨大な国
内市場においても，技術力，ブランド力とも日に日に強くなる中国企業に脅か
される状況となっている。ビジネス環境は厳しくなる一方だが，それでも中国
に新たな成長フロンティアを見出して市場を開拓しようとする企業も少なくな
い。

　乳業大手の明治は約400億円を投じて2023年度までに高機能ヨーグルト
「R-1」などの中国での生産能力を20年度比で4倍に増やす。主力の蘇州工場

に加えて，23 年 1 月には天津，同年 10 月には広州工場が相次いで稼働する予定だ。乳酸菌には免疫機能の改善効果があるとされ，中国でも飲料タイプの製品には人気がある。消費者の健康志向の高まりをとらえて，中国事業を拡大する戦略だ。乳酸菌飲料ではヤクルト本社が中国では先行しており，同社との激しい競争も予想される。食品メーカーでは日本食ブームをとらえて，白鶴酒造やオエノンホールディングスなどが日本酒の対中輸出を増やす動きもある。

　習近平指導部の規制強化の動きを逆手に取る試みもある。中国でショッピングモールを展開するイオングループは 2022 年 7 月，湖北省武漢市で運動をテーマにした子ども向けアミューズメント施設を開いた。中国では 21 年から小中学生向けの学習塾が規制されているが，子どもへの教育熱は衰えていない。施設は独自のデジタルプログラムと専属トレーナーを使って運動力の向上を促すもので，習い事の代替需要を取り込む狙いだ。事業主体であるイオンファンタジー中国事業責任者の池田宏次郎董事長は日本経済新聞のインタビューで「コロナ規制が長期化した 2 年半の影響で，どの業界も優劣がリセットされてスタートラインにもう一回並んでいる状態だ。今回の新事業で市場を席巻できるチャンスもある」と話している[4]。

　成長を続ける EV など自動車業界でも日本勢は活発な投資を続ける。ホンダは広東省広州市に約 700 億円を投じて，EV の新工場を建設する。年産能力は 12 万台で，2024 年の稼働開始をめざす。新工場は中国で展開する専用ブランド「e:N（イーエヌ）」シリーズの主力生産拠点とする。

　完成車だけでなく，トヨタ自動車とパナソニックの共同出資会社は遼寧省大連市に持つ車載向け電池の生産拠点で 3 棟目の工場を建設。日本電産は浙江省に EV 向けの駆動モーターシステム「イーアクスル」の旗艦工場を建設する。23 年 10 月に稼働予定で，イーアクスルの関連工場としては中国で 5 カ所目の工場となる。村田製作所は江蘇省で追加投資して自動車向けなどの電子部品の部材を増産するほか，日本触媒はリチウムイオン電池に使う粉末材料の生産量を増やす計画だ。

4　2022 年 8 月 5 日　日経産業新聞「子供の運動施設，中国で需要増」

6.4　生き残るための戦略を～見直したい人材育成

　日本企業の中国ビジネスは右肩上がりの投資ブームが去り，事業環境の悪化に耐えられない企業は撤退するケースが目立っている。ただ，一方では新規の投資も続き，収益の機会をうかがう企業も多数あるのが実態である。

　進出企業数が減少しても，中国から得られる収益は決して減ってはいない。国際収支統計で中国から得られる直接投資収益（現地法人からの配当や利子，現地で内部留保した利益などの合計）を見ると，2000 年代初めから収益は着実に増加する傾向にあり，17 年以降は 2 兆円の大台を維持し続けているのが分かる（図表 9）。対中投資ブームが去った今でも，もうけている企業はしっかり投資を続け，利益を増やし続けているのだ。

　こうした状況は日本企業に限ったことではない。欧米のグローバル企業は中国の長期的な成長を見据えて，投資の手を止めようとはしていない。メルケル氏が退任して蜜月関係が反転するかに思われたドイツだったが，後任のシュルツ首相は 2022 年 11 月，大企業団を引き連れて訪中し，習近平国家主席ら指導部の面々と相次ぎ会談した。独中首脳会談に前後して，化学大手の BASF は広東省湛江市への大型投資を発表。高級車大手メルセデス・ベンツのケレニウス最高経営責任者（CEO）はシュルツ首相の訪中を評価するとともに，米中関係の悪化などから中国と距離を取ることに強い反対を示し，中国ビジネスの解消は「絶対にあり得ない」と発言している。

　日本企業は中国市場において，こうした強い意志を持った欧米勢や成長する

図表 9　日本企業の対中投資と投資収益の推移

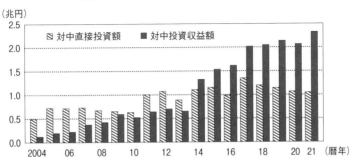

（出所）財務省，日本銀行の統計から作成

中国企業との競争が激化している。「日本製品は品質が良い」といったかつて
のイメージが薄れてしまい，日本のブランド力が著しく低下してしまった分野
もある。そうした環境の中で，戦えない企業は退場するしかないが，退場して
も新たな市場を探すのは容易ではないだろう。中国よりはるかに経済規模が小
さくなってしまった日本にニューフロンティはあるのか。残念ながら，新規開
拓の余地は大きくはない。

　米中や日中の政治的な関係が悪化すると，日本では中国ビジネスそのものが
「悪い」というイメージが生まれがちだ。中国の最前線に派遣された日本人社
員が世界中の企業と苦労して戦っているのに，日本の本社は前線の状況を知ら
ないまま，対中投資の判断を先送りしてしまう，といったケースをしばしば耳
にする。

　中国は 2022 年 12 月にゼロコロナ政策を全面的に緩和し，海外からの入国者
の隔離措置もほぼ無くした。情勢は流動的ではあるが，これまで新型コロナの
ために出張が困難だったビジネスパーソンも，23 年以降は中国を訪れる機会
が増えるだろう。日本の本社サイドはまずは直接現地に赴き，正しい情報と実
態を把握することが大切で，そのうえで中国ビジネスの戦略を練るべきであ
る。

　ここ数年は難しかった中国側との直接交流も復活させたい。習氏が 3 期目に
入って改革開放路線が後退するのでは，といった憶測もあるが，少なくとも中
国の地方政府は海外からの投資に依然として大きな期待を持っている。地方政
府とのアクセスが自力では難しければ，中国各地にある日本企業の商工会など
の力を借りることができる。北京や上海の日本商工会は規模が大きく，情報収
集力もある。彼らと連携して，正しい中国の実像を知ることである。

　中国市場のニーズと消費者の動向を的確に把握し，技術流出を防ぎながらビ
ジネスを拡大する。そうした知恵と工夫がなければ，中国での厳しい競争に生
き残ることはできない。攻めと守りの巧みな戦略が，日本企業の生命線とな
る。

　期待すべきは若いビジネスパーソンである。前述したように，日本経済研究
センターの調査では 20〜30 代は中国市場の重要性や将来性を高く評価してい
る。かつて，対中投資が盛り上がった 2000 年代前半では，多くの日本企業が

社員を中国に留学させ語学の習得と人脈づくりをさせていた。現在はどれほど
の若手が留学しているのだろうか。まずは人材育成から，見直してみてはどう
だろうか。

索　引

執筆者一覧

遊川　和郎　　亜細亜大学　アジア研究所　教授　　　　　　　　　　　　　　（第1章）

伊藤　信悟　　国際経済研究所　研究部　主席研究員　　　　　　　　　　　　（第2章）

佐々木智弘　　防衛大学校人文社会科学群国際関係学科教授　　　　　　　　　（第3章）

松本はる香　　日本貿易振興機構アジア経済研究所　主任研究員　　　　　　　（第4章）

大西　康雄　　科学技術振興機構・特任フェロー，上海里格法律事務所・顧問　（第5章）

厳　　善平　　同志社大学大学院　グローバル・スタディーズ研究科　教授　　（第6章）

唐　　　成　　中央大学経済学部　教授　　　　　　　　　　　　　　　　　　（第7章）

高口　康太　　ジャーナリスト，千葉大学客員准教授　　　　　　　　　　　　（第8章）

山田　周平　　桜美林大学大学院特任教授　　　　　　　　　　　　　　　　　（第9章）

湯浅　健司　　日本経済研究センター首席研究員兼中国研究室長　　　（序文，第10章）

点検 習近平政権

長期政権が直面する課題と展望

2023年7月31日　第1版第1刷発行　　　　　　　　　　　　　検印省略

編著者　遊　川　和　郎
　　　　湯　浅　健　司
　　　　日本経済研究センター

発行者　前　野　　　隆

発行所　株式会社　文　眞　堂
　　　　東京都新宿区早稲田鶴巻町533
　　　　電　話　03（3202）8480
　　　　FAX　03（3203）2638
　　　　https://www.bunshin-do.co.jp
　　　　郵便番号(162-0041) 振替00120-2-96437

製作・モリモト印刷

©2023

定価はカバー裏に表示してあります

ISBN978-4-8309-5235-7 C3033